学ぶ人は、
変えて
ゆく人だ。

目の前にある問題はもちろん、

人生の問いや、

社会の課題を自ら見つけ、

挑み続けるために、人は学ぶ。

「学び」で、

少しずつ世界は変えてゆける。

いつでも、どこでも、誰でも、

学ぶことができる世の中へ。

旺文社

中学生のための

文部科学省後援

英検®**4**級

合格レッスン

[改訂版]

※本書の内容は、2024年3月時点の情報に基づいています。実際の試験とは異なる場合があります。受験の際は、英検
　ウェブサイト等で最新情報をご確認ください。
※本書は2020年8月発行の初版の音声提供方法を変更したもので、内容は同じです。

英検®は、公益財団法人 日本英語検定協会の登録商標です。
このコンテンツは、公益財団法人 日本英語検定協会の承認や推奨、その他の検討を受けたものではありません。

旺文社

もくじ

解説執筆・監修：本多美佐保
編集協力：日本アイアール株式会社，株式会社交学社
装丁デザイン：林 慎一郎（及川真咲デザイン事務所）
組版：日新印刷株式会社　　録音：ユニバ合同会社

問題作成：日本アイアール株式会社，染谷有美
イラスト：大野文彰，有限会社アート・ワーク，瀬々倉匠美子
本文デザイン：伊藤幸恵
ナレーション：大武芙由美，Julia Yermakov，Jack Merluzzi

本書の使い方

本書は以下のような構成になっています。

合格レッスン

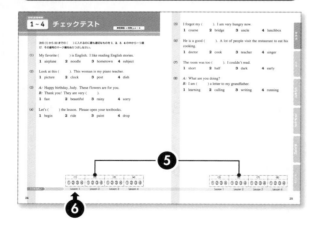

「合格レッスン」は，解説と確認問題「やってみよう！」のセットになっています。まずは4級の重要ポイントを確認してから確認問題で，学んだことをしっかり定着させましょう。

❶ 音声マーク

❷ 重要ポイント

この青い囲み内にまとめてある例文や語句は音声にも収録されています。

❸ やってみよう！

直前のレッスンで学んだことの理解確認ができる練習問題です。

❹ マーク欄

「やってみよう！」はマーク欄を使って解答しましょう。

チェックテスト

「チェックテスト」では，ここまでのレッスンで学習した内容の理解度が確認できます。各問題に「見直しレッスン」を記載しているので，できなかった問題は戻って復習しましょう。

❺ マーク欄

「チェックテスト」はマーク欄を使って解答しましょう。

❻ 見直しレッスン

間違えた問題は，こちらにあるレッスンに戻って確認をしましょう。

そっくり模試

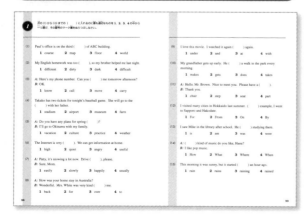

巻末には，模試が1回分収録されています。問題形式や問題数を実際の英検に似せているので，時間を計ってチャレンジしてみましょう。巻末の解答用紙やWeb上で自動採点できる採点・見直しアプリ「学びの友」を使って解答できます。

その他

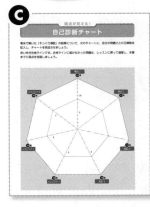

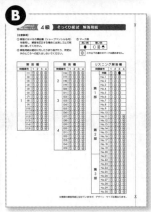

A 解答解説

各レッスンの「やってみよう！」や「チェックテスト」，「そっくり模試」の解答解説は別冊にまとめてあります。

B 解答用紙

「そっくり模試」用としてお使いください。

C 弱点が見える！自己診断チャート

「そっくり模試」の自己採点が終わったら，弱点を把握するために活用しましょう。

D 直前対策 BOOK

直前に確認したい単語や表現をまとめてあります。切り離して試験会場に携帯しましょう。

音声について

付属音声の収録内容

本書の音声に対応した箇所は，本文では （♪ 01） のように示してあります。収録内容とトラック番号は以下の通りです。

トラック	収録内容
01 ～ 04	合格レッスン 1 ～ 4
05	合格レッスン 5
06 ～ 08	合格レッスン 6 ～ 8
09 ～ 11	合格レッスン 9 ～ 11
12 ～ 14	合格レッスン 12 ～ 14
15 ～ 22	合格レッスン 18 ～ 21
23	合格レッスン 18 ～ 21　チェックテスト
24 ～ 33	合格レッスン 22 ～ 26
34 ～ 35	合格レッスン 22 ～ 26　チェックテスト
36 ～ 37	合格レッスン 27
38 ～ 48	そっくり模試　リスニング第 1 部
49 ～ 59	そっくり模試　リスニング第 2 部
60 ～ 70	そっくり模試　リスニング第 3 部
71 ～ 85	直前対策 BOOK

音声の再生方法

※以下のサービスは，予告なく終了することがあります。

1　公式アプリ「英語の友」（iOS／Android）でお手軽再生

ご利用方法

❶ 「英語の友」公式サイトより，アプリをインストール

https://eigonotomo.com/　　🔍 英語の友

（右の二次元コードから読み込めます）

❷ アプリ内のライブラリより「中学生のための英検4級合格レッスン［改訂版］」を選び，「追加」ボタンを押してください

> ✖ 「英語の友」スピーキング機能について
>
> スピーキング機能を利用すると，本書に収録しているスピーキングテスト対策の解答例のテキストを読み上げることで発音判定をすることができます。

※本アプリの機能の一部は有料ですが，本書の音声・スピーキング機能は無料でご利用いただけます。
※詳しいご利用方法は「英語の友」公式サイト，あるいはアプリ内ヘルプをご参照ください。

2　パソコンで音声データをダウンロード（MP3）

ご利用方法

❶ Web特典にアクセス。アクセス方法は p.8 をご覧ください

❷ 「音声データダウンロード」から聞きたい音声を選択してダウンロード

※音声ファイルは，zip形式でダウンロードされるので，必ず展開してご利用ください。
※音声の再生には MP3 を再生できる機器などが必要です。ご使用機器，音声再生ソフト等に関する技術的なご質問は，ハードウェアメーカーもしくはソフトウェアメーカーにお願いいたします。

3　スマートフォン・タブレットでストリーミング再生

➡ 「そっくり模試」にのみ対応

ご利用方法

❶ 「学びの友」公式サイトにアクセス。詳細は，p.9 をご覧ください

（右の二次元コードから読み込めます）

❷ マークシートを開き，リスニングテストの問題番号の横にある音声再生ボタンを押す

※「学びの友」公式サイトでは「そっくり模試」リスニングテストの音声のみお聞きいただけます。
※一度再生ボタンを押したら，最後の問題まで自動的に進みます。
※音声再生中に音声を止めたい場合は，停止ボタンを押してください。
※問題を1問ずつ再生したい場合は，問題番号を選んでから再生ボタンを押してください。
※音声の再生には多くの通信量が必要となりますので，Wi-Fi環境でのご利用をおすすめいたします。

Web特典について

アクセス方法

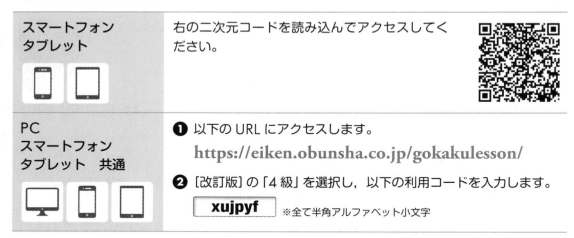

スマートフォン タブレット	右の二次元コードを読み込んでアクセスしてください。
PC スマートフォン タブレット　共通	❶ 以下の URL にアクセスします。 **https://eiken.obunsha.co.jp/gokakulesson/** ❷ [改訂版] の「4 級」を選択し，以下の利用コードを入力します。 **xujpyf** ※全て半角アルファベット小文字

※本サービスは予告なく，変更，終了することがあります。

特典内容

本書では以下の Web 特典をご利用いただくことができます。

自動採点サービス ➡ 詳しくは p.9

「そっくり模試」はオンラインマークシートで自動採点できる採点・見直しアプリ「学びの友」に対応しています。

音声データのダウンロード ➡ 詳しくは p.7

本書に付属の音声をダウンロードすることができます。

自動採点サービスについて

本書収録の「そっくり模試」（p.97）を，採点・見直し学習アプリ「学びの友」でカンタンに自動採点することができます。

- ☐ 便利な自動採点機能で学習結果がすぐにわかる
- ☐ 学習履歴から間違えた問題を抽出して解き直しができる
- ☐ 学習記録カレンダーで自分のがんばりを可視化

ご利用方法

① 「学びの友」公式サイトにアクセスします。

https://manatomo.obunsha.co.jp/ 　🔍 学びの友

（右の二次元コードからもアクセスできます）

② アプリを起動後，「旺文社まなび ID」に会員登録します。
会員登録は無料です。

③ アプリ内の「書籍を追加する」をタップして，ライブラリより本書を選び，「追加」ボタンを押します。

※iOS ／ Android 端末，Web ブラウザよりご利用いただけます。
※アプリの動作環境については，「学びの友」公式サイトをご参照ください。なお，本アプリは無料でご利用いただけます。
※詳しいご利用方法は「学びの友」公式サイト，あるいはアプリ内ヘルプをご参照ください。
※本サービスは予告なく，変更，終了することがあります。

英検4級の出題形式

筆記 🕒 **35**分

| **1** | **短文の語句空所補充** | 目標時間 🕒 **10**分 | **15**問 |

短文または会話文の空所に，文脈に合う適切な語句を補います。単語が7問，熟語が5問，文法が3問出題されます。

| **2** | **会話文の文空所補充** | 目標時間 🕒 **5**分 | **5**問 |

会話文の空所に，会話の流れに合う適切な文や語句を補います。日常会話でよく使われる表現が問われます。

| **3** | **短文の語句整序** | 目標時間 🕒 **5**分 | **5**問 |

日本文の意味に合うように，与えられた①〜⑤までの語（句）を並べかえて文を完成させ，2番目と4番目に来る組合せの番号を答えます。

| **4** | **長文の内容一致選択** | 目標時間 🕒 **15**分 | **10**問 |

3種類の英文（[A] 掲示・お知らせ，[B] Eメールまたは手紙，[C] 長文）を読んで，内容に関する質問に答えたり，内容に合うように文を完成させたりします。

リスニング　🕐 約30分

第1部	会話の応答文選択	放送回数　2回	10問

イラストを見ながら会話を聞き，会話の最後の発話に対する応答として最も適切なものを放送される選択肢から選びます。会話と質問は2回放送されます。

第2部	会話の内容一致選択	放送回数　2回	10問

会話とその内容に関する質問を聞いて，質問の答えとして適切なものを問題冊子に印刷された4つの選択肢から一つ選ぶ問題です。会話と質問は2回放送されます。

第3部	文の内容一致選択	放送回数　2回	10問

短い英文とその内容に関する質問を聞いて，質問の答えとして適切なものを問題冊子に印刷された4つの選択肢から一つ選ぶ問題です。英文と質問は2回放送されます。

スピーキングテスト　🕐 約4分

※筆記・リスニングとは別に行われる，コンピューター端末を利用したテストです。

英文（パッセージ）とイラストの付いたカードが画面に表示され，20秒の黙読のあと，英文の音読をするよう指示されます。それから，4つの質問をされます。

問題	形式・課題詳細
音読	25語程度の英文を読む。
No.1	音読した英文の内容についての質問に答える。
No.2	
No.3	イラスト中の人物の行動や物の状況を描写する。
No.4	日常生活の身近な事柄についての質問に答える。

英検® 受験情報

※ 2024 年 3 月時点の情報に基づいています。受験の際は，英検ウェブサイト等で最新情報をご確認ください。
※以下の情報は「従来型」のものです。

試験日程

試験は年に 3 回行われます。
※合否に関係なく，申込者全員がスピーキングテストを受験できます。詳しくは英検ウェブサイトをご確認ください。

申し込み方法

団体受験

学校や塾などで申し込みをする団体受験もあります。詳しくは先生にお尋ねください。

個人受験

下記いずれかの方法でお申し込みください。

インターネット（願書不要）	英検ウェブサイトから直接申し込む。 検定料は，クレジットカード，コンビニ，郵便局 ATM で支払う。
コンビニ（願書不要）	コンビニ店頭の情報端末に入力し，「申込券」が出力されたら検定料をレジで支払う。
英検特約書店（要願書）	書店で検定料を支払い，「書店払込証書」と「願書」を協会へ郵送。

※申し込み方法については変更になる可能性があります。

検定料

検定料については英検ウェブサイトをご覧ください。

お問い合わせ先

英検サービスセンター ☎ 03-3266-8311
月～金 9:30 ～ 17:00（祝日・年末年始除く）

英検ウェブサイト https://www.eiken.or.jp

英検ウェブサイトでは，試験についての詳しい情報を見たり，入試等で英検を活用している学校を検索することができます。

合格LESSON

「合格レッスン」では，英検 4 級に必要な知識を学ぶこと
ができ，確認問題の「やってみよう！」を通じて学んだこ
との理解度が確認できます。

レッスンの青い囲み内の例文や語句，リスニングの放送文
は音声に収録されていますので，ぜひ活用してください。

「チェックテスト」で間違えた問題は，レッスンに戻って，
もう一度確認しましょう。

仲間に分けて覚えよう

01

【筆記1】名詞①

名詞は，物や人などを表す言葉のことで，主語や目的語になります。グループに分けて学ぶとよいでしょう。声に出して発音も確認しながら覚えることが大切です。* のついた言葉は発音に，** のついた言葉はアクセントに注意しましょう。

● 学校生活

classroom	教室
student	学生・生徒
class	授業・学級
subject	教科・科目
math	数学
textbook	教科書
report	レポート
lunchbox	弁当箱

● スポーツ・イベント

baseball game	野球の試合		gym	体育館・ジム
stadium*	スタジアム		event**	イベント・行事
contest	コンテスト		ticket*	チケット・切符
festival	祭り		speech	スピーチ

● 季節

season	季節
spring	春
summer	夏
fall [autumn]	秋
winter	冬
holiday	休日・祝日
vacation	休暇

● 余暇の過ごし方

weekend**	週末
plan	計画・予定
TV program	テレビ番組
Internet**	インターネット
information	情報
movie	映画・動画
theater	劇場
picnic	ピクニック

やってみよう！

解答解説 ➡ 別冊 p.2

次の (1) から (5) までの (　　) に入れるのに最も適切なものを **1**, **2**, **3**, **4** の中から一つ選び，その番号のマーク欄をぬりつぶしなさい。

(1)　Some (　　　) were writing reports in the library.

    1　schools　　　**2**　dreams　　　**3**　presents　　　**4**　students

(2)　Mr. Suzuki is a math teacher at a junior high school. His (　　　) are a lot of fun.

    1　farms　　　**2**　maps　　　**3**　classes　　　**4**　parts

(3)　*A:* I won the speech (　　　) yesterday!
    B: Wow! What did you talk about?

    1　cake　　　**2**　park　　　**3**　contest　　　**4**　way

(4)　*A:* I got two (　　　) for the piano concert. Do you want to come with me?
    B: Of course. Thank you so much.

    1　prices　　　**2**　dramas　　　**3**　practices　　　**4**　tickets

(5)　*A:* Do you have any (　　　) this weekend?
    B: I will watch a movie or some TV programs at home.

    1　sales　　　**2**　floors　　　**3**　plans　　　**4**　drinks

(1)	(2)	(3)	(4)	(5)
① ② ③ ④	① ② ③ ④	① ② ③ ④	① ② ③ ④	① ② ③ ④

いろいろな場所と それに関連する言葉

♪ 02

【筆記1】名詞②

ひき続き，関連する名詞をまとめて学習しましょう。リスニングに登場することもあるので，発音も必ず確認するようにしましょう。特に，カタカナ語になっている言葉は英語と発音が異なる場合が多いので，注意が必要です。

● 住居　**apartment** アパート

wall 壁

picture 絵・写真

poster ポスター

clock 時計

curtain* カーテン

garden 庭・花壇
plant 植物
stone 石

● 施設・建物・職業

police station 警察署　**police officer** 警官

hotel** ホテル

hospital 病院

doctor 医師

nurse 看護師

post office 郵便局

bank 銀行
library 図書館
bridge 橋
airport 空港

● 旅行・地理

world	世界・世の中
map	地図
country	国・いなか
passport	パスポート
culture	文化
farm	農場
mountain	山

● レストラン・店

restaurant* レストラン

food 食べ物

dish 皿・料理

cook 料理人

waiter / waitress ウエイター／ウエイトレス
barbershop 理髪店
gas station ガソリンスタンド
supermarket スーパーマーケット

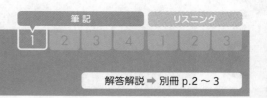

やってみよう！

解答解説 ➡ 別冊 p.2 〜 3

次の (1) から (5) までの (　　) に入れるのに最も適切なものを **1**，**2**，**3**，**4** の中から一つ選び，その番号のマーク欄をぬりつぶしなさい。

(1) Cindy has many posters of tennis players on the (　　　) of her room.

    1 sizes   **2** footballs   **3** jobs   **4** walls

(2) *A:* Look at the (　　　). We can see a lot of plants.
    B: Yes. They are really pretty.

    1 blackboard   **2** stone   **3** garden   **4** cousin

(3) Let's look at the world (　　　). Where is our country?

    1 uniform   **2** picnic   **3** map   **4** hometown

(4) Yesterday, I needed some stamps. I went to the (　　　), but it was closed.

    1 post office   **2** gym   **3** park   **4** hospital

(5) *A:* Did you try the new (　　　) near the station?
    B: Yes. The food there is very good.

    1 camping   **2** umbrella   **3** restaurant   **4** oven

(1)	(2)	(3)	(4)	(5)
① ② ③ ④	① ② ③ ④	① ② ③ ④	① ② ③ ④	① ② ③ ④

単熟語　文法　会話表現　文の組み立て　長文読解　リスニング

物の様子を表そう

【筆記 1】形容詞

形容詞は性質，状態，気持ちなどを表す言葉です。英語では，名詞の前に置くか，be動詞の後に置くのが基本です。それぞれの使い方を確認しましょう。

●名詞の前に置く使い方

a **room** + **quiet** 静かな = a **quiet room** 静かな部屋
名詞　　　形容詞

+ **dark** 暗い = a **dark room** 暗い部屋

an **interesting**** story　面白い話　　my **favorite** book　私の大好きな本
beautiful flowers　　　美しい花々　　this **popular** song　この人気のある歌

●be 動詞の後に置く使い方

This phone **is** **useful.** この電話は役に立ちます。
主語　　　be動詞　形容詞

He is **hungry.**　　彼は空腹です。
We are **healthy.** 私たちは健康です。

It is **sunny** today. 今日は晴れています。
It is **cloudy** [**rainy** / **windy**] today.
今日は曇っています［雨が降っています／風が強いです］。

天気について話すときは，it を主語にする

形容詞は反意語と組み合わせて覚えると効率的です。

●ペアで覚えておきたい形容詞

early 早い ⟷ **late** 遅い　　　　**high** 高い ⟷ **low** 低い

fast 速い ⟷ **slow** のろい　　　**easy** 簡単な ⟷ **difficult** 難しい

heavy 重い ⟷ **light** 軽い　　　**busy** 忙しい ⟷ **free** ひまな

small 小さい ⟷ **large** / **big** 大きい　**same** 同じ ⟷ **different** 異なる

●2通りの意味がある形容詞

short ①短い ⟷ **long** 長い　　**right** ①右の ⟷ **left** 左の
　　　②背の低い ⟷ **tall** 背の高い　　　②正しい ⟷ **wrong*** 間違っている

筆記   リスニング

1 2 3 4   1 2 3

単熟語

文法

会話表現

文の組み立て

長文読解

リスニング

やってみよう!

解答解説 ➡ 別冊 p.3 ～ 4

次の (1) から (5) までの (　　) に入れるのに最も適切なものを **1**, **2**, **3**, **4** の中から一つ選び, その番号のマーク欄をぬりつぶしなさい。

(1) The room was (　　　　). All the students were reading.

   1 angry   **2** dangerous   **3** tall   **4** quiet

(2) *A:* Nancy, what is your (　　　) food?
   B: I like curry the best.

   1 favorite   **2** large   **3** rainy   **4** young

(3) *A:* Are you (　　　) now?
   B: No, I'm not. I ate a lot of hotdogs.

   1 fast   **2** same   **3** short   **4** hungry

(4) It is (　　　) today. You don't need an umbrella or raincoat.

   1 sad   **2** sunny   **3** busy   **4** sick

(5) The math question was very (　　　　), and some students could not understand it.

   1 cute   **2** right   **3** difficult   **4** little

(1)	(2)	(3)	(4)	(5)
① ② ③ ④	① ② ③ ④	① ② ③ ④	① ② ③ ④	① ② ③ ④

動きを表そう

【筆記 1】動詞

動詞とは人や物の動きや状態を表し，文の中心となる言葉です。be 動詞と一般動詞があり，状況に応じて適切な形に変える必要があります。基本的な使い方をしっかり覚えましょう。

●動詞の現在形

主語	be 動詞	一般動詞
I	am	play / do
He / She / It	is	plays / does
We / You / They	are	play / do

> 主語が 3 人称単数のときの動詞の形に注意！

●現在進行形と過去進行形

> be 動詞の形に注目！

現在進行形 **am / is / are ～ing** （今）～しているところだ

I **am** read**ing** now.　私は今，本を読んでいるところです。

過去進行形 **was / were ～ing** （そのとき）～しているところだった

I **was** read**ing** at that time.　私はそのとき，本を読んでいるところでした。

英検ではよく出る動詞と名詞の組み合わせがあります。セットで覚えておきましょう。

●動詞と名詞のよくある組み合わせ

ask a question　　　質問をする

answer the phone　電話をとる

begin / start the lesson　授業を始める

send an e-mail　E メールを送る

write a letter　　手紙を書く

　　　　a report　　レポートを書く

visit a friend　　　友人を訪ねる

　　　my grandmother　祖母を訪ねる

　　　the museum　美術館を訪れる

　　　Kyoto　京都を訪れる

bring an umbrella　傘を持っていく

　　　my lunch　昼食を持っていく

open the textbook　教科書を開く

　　　the door　　ドアを開ける

　　　the window　窓を開ける

eat / have lunch　昼食をとる

　　　dinner　夕食をとる

　　　fish　　魚を食べる

やってみよう!

解答解説 ➡ 別冊 p.4

次の (1) から (5) までの (　　) に入れるのに最も適切なものを **1**, **2**, **3**, **4** の中から一つ選び, その番号のマーク欄をぬりつぶしなさい。

(1) **A:** Can I (　　　　) you a question, Mr. Smith?
　　 B: Sure. What is it?

　　 1 watch　　　**2** become　　　**3** move　　　**4** ask

(2) Mr. Suzuki often (　　　　) his grandmother. She lives in a small town.

　　 1 has　　　**2** hopes　　　**3** sends　　　**4** visits

(3) Please (　　　　) your textbook. We start at page 25 today.

　　 1 feel　　　**2** eat　　　**3** open　　　**4** forget

(4) **A:** Robert, can you (　　　　) the phone for me? I'm busy.
　　 B: All right.

　　 1 visit　　　**2** answer　　　**3** plant　　　**4** ride

(5) **A:** It's raining outside.
　　 B: That's OK. I always (　　　　) an umbrella with me.

　　 1 bring　　　**2** turn　　　**3** meet　　　**4** drop

(1)	(2)	(3)	(4)	(5)
① ② ③ ④	① ② ③ ④	① ② ③ ④	① ② ③ ④	① ② ③ ④

4級によく出る単語

ここまで学習してきた言葉の他にも，英検4級でよく問われる単語があります。
意味を確認しておきましょう。

❖ **名詞** 物の名前を表す言葉をグループに分けて覚えましょう。

空・天気

star 星
cloud 雲
wind 風
snow 雪
weather 天気

お金・数・単位など

dollar* ドル
yen 円
money お金
number 数字
hundred 百
thousand 千
meter* メートル
centimeter* センチメートル
size 大きさ・サイズ

時間

year 年
month 月
week 週
day 日
time 時間・時刻
hour* 時間（60分）
minute* 分

家族・人

father [dad] 父・お父さん
son* 息子
husband 夫
grandfather [grandpa] 祖父・おじいちゃん
uncle おじ
boy 男の子
children* 子供たち

mother [mom] 母・お母さん
daughter* 娘
wife 妻
grandmother [grandma] 祖母・おばあちゃん
aunt おば
girl 女の子
baby 赤ちゃん

スポーツ

baseball 野球
basketball バスケットボール
badminton バドミントン
golf ゴルフ
skating スケート

skiing スキー
soccer サッカー
swimming 水泳
tennis テニス
volleyball バレーボール

❈ 形容詞　物の様子を表す言葉を覚えましょう。

clean	きれいな	little	小さい，ほんの少しの
cute	かわいらしい	much	たくさんの，多量の
famous	有名な	nice	良い，親切な
full	いっぱいの，満腹の	perfect	完全な，申し分のない
half	半分の	poor	貧しい
hard	①固い ⟷ soft やわらかい	sorry	すまないと思って，残念に思って
	②難しい ⟷ easy 簡単な	sure	確かな

❈ 動詞　状態や動作を表す言葉を覚えましょう。

close	～を閉じる，閉める	cook	～を料理する
draw	～を描く，絵を描く	drive	(乗り物) を運転する
drop	～を落とす	fall	落ちる，～を落とす
hope	～を願う，希望する	need	～を必要とする
play	(遊び・競技) をする，遊ぶ	send	～を送る，発送する
sing	歌う	stand	立つ，立ち上がる
visit	(人・場所) を訪問する	wear	(衣服・くつなど) を身につけ (てい) る

❈ その他の単語　接続詞や前置詞をまとめて覚えましょう。

接続詞

after ～	～した後で	～ and ...	～と…，～そして…
because ～	～なので	before ～	～する前に
～, but ...	～だが…	～ or ...	～か…

前置詞

at ～	～に	of ～	～の
by ～	～で，～のそばに	on ～	～の上に
for ～	～のために	to ～	～へ [に]
from ～	～から	under ～	～の下に
in ～	～の中に	with ～	～と一緒に

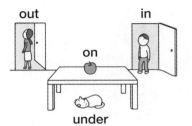

out　in　on　under

次の (1) から (8) までの (　　) に入れるのに最も適切なものを **1**, **2**, **3**, **4** の中から一つ選び，その番号のマーク欄をぬりつぶしなさい。

(1) My favorite (　　　　) is English. I like reading English stories.

    1 airplane   **2** noodle   **3** hometown   **4** subject

(2) Look at this (　　　　). This woman is my piano teacher.

    1 picture   **2** clock   **3** post   **4** dish

(3) *A:* Happy birthday, Judy. These flowers are for you.

    B: Thank you! They are very (　　　　).

    1 fast   **2** beautiful   **3** rainy   **4** sorry

(4) Let's (　　　　) the lesson. Please open your textbooks.

    1 begin   **2** ride   **3** paint   **4** drop

(1)	(2)	(3)	(4)
① ② ③ ④	① ② ③ ④	① ② ③ ④	① ② ③ ④

ここを見直し！ ➤   Lesson 1   Lesson 2   Lesson 3   Lesson 4

(5) I forgot my (   ). I am very hungry now.

    1 course   **2** bridge   **3** uncle   **4** lunchbox

(6) He is a good (   ). A lot of people visit the restaurant to eat his cooking.

    1 doctor   **2** cook   **3** teacher   **4** singer

(7) The room was too (   ). I couldn't read.

    1 short   **2** half   **3** dark   **4** early

(8) *A:* What are you doing?

    B: I am (   ) a letter to my grandfather.

    1 learning   **2** calling   **3** writing   **4** running

(5)	(6)	(7)	(8)
① ② ③ ④	① ② ③ ④	① ② ③ ④	① ② ③ ④
Lesson 1	Lesson 2	Lesson 3	Lesson 4

合格 LESSON 5
合わせると 一つの意味になる表現

♪ 05

【筆記1】熟語

単語を組み合わせることで，特定の意味を表すものを熟語といいます。ここでは，動詞を含む表現を覚えましょう。熟語であっても，動詞の形は3単現のsがついたり進行形になったりと変化するので，注意しましょう。

● 後に目的語が続く熟語

get to ～ ～に着く・行く

We **got to** the station at eight o'clock.
私たちは8時に駅に着きました。

look for ～ ～を探す

What are you **looking for**?
あなたは何を探しているのですか。

wait for ～ ～を待つ

I'm **waiting for** the bus.
私はバスを待っているところです。

take off ～ ～を脱ぐ

Please **take off** your shoes here.
ここでくつを脱いでください。

I'm waiting for the bus.

put on ～ ～を身につける   **speak to ～** ～に話しかける

hear about ～ ～について聞く   **come from ～** ～出身である

stay at ～ ～に滞在する・とどまる

● その他の決まった表現

have a good time 楽しい時間を過ごす

I **had a good time** at the party. 私はパーティーで楽しい時間を過ごしました。

come in 入室する

May I **come in**? 入ってもいいですか。

say hello to ～ ～によろしく伝える

have an idea / have no idea 考えがある／分からない

go on a trip to ～ ～に旅行に行く

become friends with ～ ～と友人になる

believe in ～ ～の存在を信じる

no idea

an idea

やってみよう！

解答解説 ➡ 別冊 p.6

次の (1) から (5) までの (　　) に入れるのに最も適切なものを **1**，**2**，**3**，**4** の中から一つ選び，その番号のマーク欄をぬりつぶしなさい。

(1)　*A:* When will you get (　　　　) the airport?
　　B: I'll be there at 12:30.

　　1 over　　　　**2** in　　　　**3** to　　　　**4** on

(2)　The bus was very late. I waited (　　　) it for over 30 minutes.

　　1 of　　　　**2** at　　　　**3** from　　　　**4** for

(3)　*A:* Hello? This is Janet. Can I speak (　　　) Meg?
　　B: Sure. Just a minute.

　　1 under　　　　**2** for　　　　**3** on　　　　**4** to

(4)　*A:* What are your plans for the winter vacation?
　　B: I will go on a (　　　) to Japan.

　　1 number　　　　**2** coach　　　　**3** trip　　　　**4** season

(5)　Kenji went to Australia last summer, and he (　　　) friends with many students there.

　　1 drove　　　　**2** changed　　　　**3** became　　　　**4** asked

(1)	(2)	(3)	(4)	(5)
① ② ③ ④	① ② ③ ④	① ② ③ ④	① ② ③ ④	① ② ③ ④

4級によく出る熟語・文法

ここまで学習してきたものの他にも，英検4級でよく問われる熟語・文法があります。
意味や基本的なルールを確認しておきましょう。

❀ いろいろな熟語　合わせて一つの意味になる言葉を覚えましょう。

動詞の働きをする熟語

be fine with ～	～にとって問題ない	take a walk	散歩する
be interested in ～	～に興味がある	take pictures	写真を撮る
give up	やめる，あきらめる	talk about ～	～について話す
have a seat	席につく，座る	talk with ～	～と話す
slow down	速度を落とす	think of ～	～について考える
take a shower	シャワーを浴びる	wake up	目を覚ます
take a bath	ふろに入る	work for ～	～に勤める

その他の熟語

again and again	何度も，くり返して	in the morning	朝に，午前中に
all over the world	世界中に	in the afternoon	午後に
in the future	将来	in the evening	夕方に
a kind of ～	～の一種類	at night	夜に
after work	仕事の後に	just a minute	少しの間だけ
more and more ～	ますます多くの～		

❀ 文法：未来についての表現　未来のことや予定について話すときの表現を覚えましょう。

be going to を使って未来や予定を表す

I am going to call Cathy.　私はキャシーに電話する予定です。

★ be 動詞は主語によって変化するので注意しよう

否定文　**We are not going to call Cathy.**
私たちはキャシーに電話する予定ではありません。

疑問文　**Are you going to call Cathy?**　あなたはキャシーに電話する予定ですか。

　-**Yes, I am.**　はい，する予定です。

　-**No, I am not.**　いいえ，する予定ではありません。

　When are you going to call Cathy?
あなたはいつキャシーに電話する予定ですか。

will を使って未来や予定を表す

He **will** <u>**play**</u> baseball tomorrow.　彼は明日野球**をする**つもりです。

★ I will は I'll，You will は You'll のように短縮形で表すこともできる

否定文　He **will not** <u>**play**</u> baseball tomorrow.　彼は明日野球**をする**つもりではありません。

　　　　★ will not を won't と短縮形で表すこともできる

疑問文　**Will** he <u>**play**</u> baseball tomorrow?　彼は明日野球**をする**つもりですか。

　　　　　-Yes, he **will**.　はい，するつもりです。

　　　　　-No, he **won't**.　いいえ，するつもりはありません。

　　　　　When **will** he <u>**play**</u> baseball?　彼はいつ野球**をする**つもりですか。

❈ 文法：比較の表現　　2つ以上の物を比べるときの表現も覚えておきましょう。

比較級：Ａが Ｂ より大きい（Ａ＞Ｂ）

A is ⎡ 形容詞 -er ⎤ than **B**.
　　　　⎣ more 形容詞 ⎦

Tom is <u>**tall**er</u> than Cathy.　トムはキャシーより**背が高い**。

最上級：Ａが他のどれよりも大きい（Ａ＞ Ｂ, Ｃ, Ｄ...）

A is the ⎡ 形容詞 -est ⎤ in / of ...
　　　　　⎣ most 形容詞 ⎦

Tom is the <u>**tall**est</u> of the three.　トムは3人の中で一番**背が高い**。

ＡとＢが同じとき（Ａ＝Ｂ）

A is as 形容詞 as **B**.

Bob is as <u>**tall**</u> as Cathy.　ボブはキャシーと同じくらい**背が高い**。

副詞も比較できる

A 動詞 as 副詞 as **B**.

Tom cooks as <u>**well**</u> as Bob.　トムはボブと同じくらい**上手に**料理する。

★ good / well は不規則変化するので注意しよう

基本の形	比較級	最上級
good / well	better	best

単熟語

文法

会話表現

文の組み立て

長文読解

リスニング

29

次の (1) から (8) までの ( ) に入れるのに最も適切なものを **1**，**2**，**3**，**4** の中から一つ選び，その番号のマーク欄をぬりつぶしなさい。

(1) **A:** What are you looking (   )?
    B: My watch. I can't find it.
    1 under　　　**2** to　　　　　**3** in　　　　　**4** for

(2) The rock singer was popular all (   ) the world.
    1 under　　　**2** to　　　　　**3** over　　　　**4** for

(3) **A:** I (   ) a good time at the party.
    B: That's good.
    1 took　　　**2** went　　　**3** made　　　**4** had

(4) **A:** How many years did you work (   ) that company?
    B: About ten years.
    1 off　　　**2** to　　　　　**3** of　　　　　**4** for

(1)	(2)	(3)	(4)
① ② ③ ④	① ② ③ ④	① ② ③ ④	① ② ③ ④

ここを見直し！　　Lesson 5　　Lesson 5　　Lesson 5　　Lesson 5

(5) **A:** Could you take (　　　　) your hat?
    B: All right.

    1 off   **2** from   **3** of   **4** to

(6) I woke (　　　　) many times during the night, so I am very sleepy now.

    1 up   **2** to   **3** from   **4** for

(7) **A:** Can you buy some eggs (　　　　) work?
    B: Sure.

    1 by   **2** over   **3** from   **4** after

(8) **A:** What do you want to be (　　　　) the future?
    B: I want to be a pianist.

    1 under   **2** on   **3** in   **4** from

(5)	(6)	(7)	(8)
① ② ③ ④	① ② ③ ④	① ② ③ ④	① ② ③ ④
Lesson 5	Lesson 5	Lesson 5	Lesson 5

合格 LESSON 6 いろいろな動詞の形 ①

🎵 06

【筆記 1】不定詞

[to ＋**動詞の原形**] のことを「不定詞」あるいは「to 不定詞」と呼びます。不定詞には次の３つの働きがあります。

---

1 目的語になる

● 「〜すること」

Jane likes 目的語**.**
ジェーンは□□□が好きです。

Jane likes to play soccer.
ジェーンはサッカーをすることが好きです。

> 覚えておこう!!
> [like to ＋動詞の原形] 「〜することが好き」
> [want to ＋動詞の原形] 「〜したい」

---

2 文の後ろに付けて「なぜなのか」を表す

● 「〜するために」

Ted went to the park to see the concert.
テッドは公園に行った ＋ コンサートを見るために。

● 「〜したので」

He was very happy to hear the good news.
彼はとてもうれしかった ＋ その良い知らせを聞いたので。

---

3 名詞の後ろに付けて「何をする物なのか（用途など）」を表す

● 「〜するための」

名詞

I want something to drink.
私は何かをほしい　　　＋　　　飲むための(何か)＝飲む物

> 覚えておこう!!
> [something to ＋動詞の原形] 「〜するための何か／物」
> [have (no) time to ＋動詞の原形] 「〜するための時間がある（ない）」

やってみよう!

解答解説 ➡ 別冊 p.7 ～ 8

次の (1) から (5) までの (　　) に入れるのに最も適切なものを **1**，**2**，**3**，**4** の中から一つ選び，その番号のマーク欄をぬりつぶしなさい。

(1) *A:* What will you do this weekend?

　　 B: I just want to (　　　) home and read.

　　 1 stay 　　　　 **2** stayed 　　　　 **3** staying 　　　　 **4** stays

(2) *A:* Where is Liz?

　　 B: She went to the airport (　　　) her uncle.

　　 1 meet 　　　　 **2** to meet 　　　　 **3** meets 　　　　 **4** met

(3) I was happy (　　　) a letter from Paula. She is doing well at her new company.

　　 1 to get 　　　　 **2** got 　　　　 **3** gets 　　　　 **4** getting

(4) *A:* I want something to (　　　).

　　 B: You can buy some cold tea at that shop over there.

　　 1 drinking 　　 **2** drinks 　　 **3** drink 　　 **4** drank

(5) *A:* Mike, please go to the supermarket this afternoon.

　　 B: Sorry, I am very busy today. I don't have time to (　　　) there.

　　 1 go 　　　　 **2** goes 　　　　 **3** went 　　　　 **4** going

(1)	(2)	(3)	(4)	(5)
① ② ③ ④	① ② ③ ④	① ② ③ ④	① ② ③ ④	① ② ③ ④

いろいろな動詞の形 ②

🎵 07

【筆記 1】過去形・過去進行形

英語では，今の時点から見て，それ以前の出来事は過去形で表します。動詞の過去形の作り方をしっかり覚えておきましょう。一般動詞は -ed を付けると過去形になるものが多いですが，一部の動詞は不規則な変化をします。p. 111 の表で確認しましょう。

● be 動詞の過去の文

Sarah was a student three years ago.

サラは 3 年前，学生でした。

```
現在 am / is → 過去 was
     are     →      were
```

● 一般動詞の過去の文

Jim played tennis yesterday.

ジムは昨日テニスをしました。

yesterday

---

be 動詞の否定文は was / were に not を付け，疑問文は was / were を主語の前に移動します。一般動詞の否定文・疑問文には，do(es)の過去形 did を使います。

● be 動詞の過去の否定文・疑問文

否定文 **Sarah was not [wasn't] a student three years ago.**

サラは 3 年前，学生ではありませんでした。

疑問文 **Was Sarah a student three years ago?**

サラは 3 年前，学生でしたか。

● 一般動詞の過去の否定文・疑問文

否定文 **Jim did not [didn't] play tennis yesterday.**

ジムは昨日テニスをしませんでした。

過去は did で表すので
動詞は原形にする

疑問文 **Did Jim play tennis yesterday?**

ジムは昨日テニスをしましたか。

過去進行形は〈was / were + ～ing〉の形で，「～しているところだった」を表します。

● 過去進行形の文

Alice and I were talking on the phone at that time.

アリスと私はそのとき，電話で話しているところでした。

34

やってみよう！

解答解説 ➡ 別冊 p.8〜9

次の (1) から (5) までの (　　) に入れるのに最も適切なものを **1**, **2**, **3**, **4** の中から一つ選び，その番号のマーク欄をぬりつぶしなさい。

(1) **A:** I (　　　) a junior high school student three years ago.
B: Then, are you a high school student now?

1 are　　　　　**2** am　　　　　**3** were　　　　　**4** was

(2) Ken didn't speak English five years ago. He (　　　) very hard and now he speaks English very well.

1 practice　　　**2** practices　　　**3** practicing　　　**4** practiced

(3) **A:** (　　　) you sick last week? I saw you at the hospital.
B: No. I broke my finger.

1 Are　　　　　**2** Am　　　　　**3** Were　　　　　**4** Was

(4) I didn't (　　　) breakfast this morning, so I am very hungry now.

1 have　　　　　**2** has　　　　　**3** had　　　　　**4** having

(5) **A:** I called you at about 11 a.m. Were you out at that time?
B: Sorry. I was very tired, so I was still (　　　).

1 sleep　　　　　**2** sleeps　　　　　**3** slept　　　　　**4** sleeping

(1)	(2)	(3)	(4)	(5)
① ② ③ ④	① ② ③ ④	① ② ③ ④	① ② ③ ④	① ② ③ ④

合格 LESSON 8 いろいろな動詞の形 ③

♪ 08

【筆記 1】疑問文と否定文

英語では，[主語＋動詞] の形で文を始めるのが基本です。否定文「～ではない・～しない」も疑問文「～ですか・～しますか」も [主語＋動詞] の部分を変化させることで表します。

●一般動詞の現在形（3人称単数の場合）

肯定文	He		plays	tennis.
否定文	He	does not	play	tennis.
疑問文	Does he		play	tennis?

一般動詞の場合，否定文は do に not を付け，疑問文では Do を主語の前に出します。ただし，主語が3人称単数の場合は，do に es をつけ，否定文なら does not，疑問文なら Does ...? となります。**そのとき，動詞には -s が付かなくなることに注意しましょう。**過去形でも同様で，do の代わりに did を使い，動詞は原形にします。

●一般動詞の過去形

肯定文	He		played	tennis.
否定文	He	did not	play	tennis.
疑問文	Did he		play	tennis?

●助動詞（can, will, shall, may, must）が含まれる場合

肯定文	He	can	play	tennis.
否定文	He	cannot	play	tennis.
疑問文	Can he		play	tennis?

played

didn't play

---

can の否定は cannot か can't，will の否定は will not か won't になります。

主語を置かずに動詞で始めると，命令文「～しなさい」になります。please を命令文の前か後ろに付けると「～してください」と頼む表現になります。

●命令文の形

Write your name.　名前を書きなさい。

Please write your name. / **Write** your name, **please.**　名前を書いてください。

36

やってみよう!

解答解説 ➡ 別冊 p.9

次の (1) から (5) までの (　　) に入れるのに最も適切なものを **1**, **2**, **3**, **4** の中から一つ選び, その番号のマーク欄をぬりつぶしなさい。

(1)　*A:* (　　　　) James like cooking?
　　　B: Yes. He cooks very well.

　　1 Do　　　　**2** Does　　　　**3** Doing　　　　**4** Did

(2)　*A:* Who is the boy at the table?
　　　B: He is Kate's brother, but I (　　　　) know his name.

　　1 don't　　　**2** doesn't　　　**3** isn't　　　**4** aren't

(3)　*A:* Jack, did you (　　　　) Janet yesterday?
　　　B: Yes. We studied together.

　　1 see　　　　**2** sees　　　　**3** saw　　　　**4** seeing

(4)　*A:* Please call Mr. Suzuki tonight. Don't (　　　　)!
　　　B: All right.

　　1 to forget　　**2** forget　　　**3** forgetting　　**4** forgotten

(5)　*A:* Can you (　　　　) me?
　　　B: Sorry, but I don't have time now.

　　1 help　　　　**2** helps　　　　**3** helped　　　　**4** helping

(1)	(2)	(3)	(4)	(5)
① ② ③ ④	① ② ③ ④	① ② ③ ④	① ② ③ ④	① ② ③ ④

6~8 チェックテスト

解答解説 ➡ 別冊 p.9 ～ 10

次の (1) から (8) までの (　　) に入れるのに最も適切なものを **1**，**2**，**3**，**4** の中から一つ選び，その番号のマーク欄をぬりつぶしなさい。

(1) **A:** Why were you at the station?

　　B: I went there to (　　　　) my grandpa.

　　1 meet 　　　　**2** meets 　　　　**3** meeting 　　　　**4** met

(2) I want to (　　　　) this car, but I don't have enough money for it.

　　1 buy 　　　　**2** buying 　　　　**3** buys 　　　　**4** bought

(3) I saw my brother and his friends at the park yesterday. They (　　　　) playing soccer.

　　1 was 　　　　**2** were 　　　　**3** did 　　　　**4** does

(4) **A:** (　　　　) you have a cold last week, Susan?

　　B: Yes, but I am OK now.

　　1 Is 　　　　**2** Was 　　　　**3** Did 　　　　**4** Does

(1)	(2)	(3)	(4)
① ② ③ ④	① ② ③ ④	① ② ③ ④	① ② ③ ④

ここを見直し！　　　　Lesson 6　　　Lesson 6　　　Lesson 7　　　Lesson 8

(5)　Please don't forget (　　　) your hands.

　　1　wash　　　　　**2**　to wash　　　　**3**　washed　　　　**4**　washes

(6)　I went to the library (　　　) with Jane.

　　1　study　　　　　**2**　studies　　　　**3**　studying　　　　**4**　to study

(7)　*A:* Jill, what were you doing at 9 o'clock last night?
　　B: I was (　　　) on the phone with Mika.

　　1　talk　　　　　**2**　talks　　　　　**3**　talked　　　　　**4**　talking

(8)　*A:* Will you go to the party tonight?
　　B: No, I (　　　).　I have to study tonight.

　　1　do　　　　　　**2**　don't　　　　　**3**　will　　　　　**4**　won't

(5)	(6)	(7)	(8)
① ② ③ ④	① ② ③ ④	① ② ③ ④	① ② ③ ④
Lesson 6	Lesson 6	Lesson 7	Lesson 8

単熟語　文法　会話表現　文の組み立て　長文読解　リスニング

9 疑問文と答え方を覚えよう

🎵 09

疑問文には Yes / No で答えられるものと，具体的な答えが求められるものとがあります。実際の会話では，基本となる答え方以外にも，様々な展開があります。応答例を読んで，会話の自然な流れに慣れましょう。

● Yes / No 疑問文（疑問詞のない疑問文）

質問 **Are you all right?** 大丈夫ですか。

基本の答え方 **Yes(, I am)./ No(, I'm not).**

他の答え方 **Yes, I'm fine.** はい，大丈夫です。 ← 言い換える

No, I have a cold. いいえ，かぜをひいています。 ← 情報を加える

I don't feel well. 具合が良くありません。 ← Yes / No の省略

● 疑問詞疑問文 会話では答えとなる部分だけを簡潔に答えることが多い

何 **What are you going to wear? - My new suit.**
あなたは何を着る予定ですか。 新しいスーツ。

いつ **When can you come? - At about 5:30.**
あなたはいつ来られますか。 5:30 ごろに。

どこ **Where is Steve? - In the library.**
スティーブはどこにいますか。 図書館に。

誰の **Whose hat is this? - My grandfather's.**
これは誰のぼうしですか。 私の祖父のもの。

どの **Which train should we take? - The Green Line.**
私たちはどの列車に乗ればいいですか。 グリーン線(の列車)。

● How ～?「どう？」の疑問文

How was your trip?
旅行はどうだった？

- It was wonderful.
素晴らしかったよ。

How do you feel?
具合はどうですか。

- I'm fine, thanks.
大丈夫です，ありがとう。

● How ～?「どのくらい～？」の疑問文

How long did you study? ← 長さを尋ねる
どのくらい長い間勉強したのですか。

- About five hours. 5時間くらいです。

How many ...? ← 数を尋ねる

How often ...? ← 頻度を尋ねる

How much ...? ← 値段や量を尋ねる

やってみよう！

解答解説 ➡ 別冊 p.10 ～ 11

次の (1) から (4) までの会話について，（　　）に入れるのに最も適切なものを **1**，**2**，**3**，**4** の中から一つ選び，その番号のマーク欄をぬりつぶしなさい。

(1) *Man:* I went to a new restaurant near the station yesterday.

 Woman: ( )

 Man: It was wonderful.

 1 Who made that?   **2** How was it?

 3 Where are you from?   **4** What is the name?

(2) *Boy:* ( )

 Girl: At 7 p.m. So, he will come soon.

 Boy: That's good.

 1 When will Jack come?   **2** Who will come?

 3 Where is Jack?   **4** Which does Jack like?

(3) *Mother:* Where is Meg?

 Son: ( ) She is helping Dad to wash his car.

 1 Ten dollars.   **2** A red one.

 3 At 8 a.m.   **4** In the garage.

(4) *Woman:* I like this sweater. How much is this?

 Salesclerk: ( )

 1 It will rain tomorrow.   **2** It is not mine.

 3 It is Tuesday today.   **4** It is five thousand yen.

(1)	(2)	(3)	(4)
① ② ③ ④	① ② ③ ④	① ② ③ ④	① ② ③ ④

誘う表現・頼む表現を覚えよう

🎵 **10**

【筆記 2】会話表現①

筆記2では誘う表現やものを頼む表現がよく出題されます。質問と応答をセットにして覚えることで，どちらの側を問われても対応できるようにすることが大切です。（　　）の後に続く部分に解答のヒントが隠れています。

● **勧誘する表現**

Shall we play tennis tomorrow?　明日テニスをしましょうか。

答え方 Yes. / Yeah. / OK. / Sure.　はい。

Good idea.　良い考えですね。　**Sounds good.**　良さそうですね。

Sorry, I have to do my homework.

ごめん，宿題をしなくてはならないんだ。

● **忠告・提案する表現**

You should go to bed.　寝た方がいいですよ。

答え方 **OK. / All right. / Sure. / I will.**　分かりました。

I'm looking for a new coat.　新しいコートを探しています。

　- How about this one?　このコートはいかがでしょうか。

● **依頼する表現**

Can [Will] you get the ticket for me?

私のためにチケットを手に入れてもらえますか。

答え方 **Sure. / OK. / All right. / No problem.**　分かりました。

Sorry, I'm busy now.　ごめんなさい，今忙しいです。

主語がⅠになると Can I ～? 「（私が）～してもいいですか」と許可を求める表現になります。一見，依頼（Can you ...?）と似て見えるので，注意しましょう。

Can [May] I see the photo, please?　その写真を見てもいいですか。

答え方 **Sure. / Of course.**　もちろんです。

Sorry, you can't.　すみませんが，（見ることは）できません。

やってみよう！

解答解説 ➡ 別冊 p.11 ～ 12

次の (1) から (4) までの会話について，（　　）に入れるのに最も適切なものを **1**，**2**，**3**，**4** の中から一つ選び，その番号のマーク欄をぬりつぶしなさい。

(1)　　*Man:* Do you want to go to the movies today?

　Woman: Sorry, (　　　　) I have to go to the doctor.

　　Man: That's too bad.

　1　I have a cold.　　　　**2**　that's a good idea.

　3　I will go with you.　　**4**　see you soon.

(2)　*Woman:* I am very hungry.　Let's go to a restaurant.

　　Man: OK. (　　　　)

Woman: Sounds good.

　1　How was your vacation?　　**2**　How about Japanese food?

　3　Where are you going?　　　**4**　Where is the restaurant?

(3)　*Woman:* Will you make some coffee for me?

　　Man: (　　　　)

Woman: Thank you very much.

　1　I'm fine, thank you.　　**2**　All right.

　3　Next time.　　　　　　**4**　Just forget about it.

(4)　*Man1:* May I have your name, please?

　Man2: (　　　　) My name is Mark Smith.

　1　Good luck.　　　　**2**　Sure.

　3　It was fun.　　　　**4**　Speaking.

(1)	(2)	(3)	(4)
① ② ③ ④	① ② ③ ④	① ② ③ ④	① ② ③ ④

感想・理由・説明などを 加えよう

🎵 11

感想の尋ね方・答え方を学びましょう。会話では，質問に対して答えるばかりでなく，自分の述べたことに理由や説明を加えたり，相手の言動に対してコメントを述べたりすることもよくあります。状況を思い浮かべながら，基本的な表現を覚えましょう。

● **感想を尋ねる・答える**

How was the movie? その映画はどうでしたか。

- **It was great [wonderful / exciting].** （それは）素晴らしかったです。

　I liked [loved] it. 気に入りました。　　**I enjoyed it.** 楽しみました。

What do you think of our new teacher? 新しい先生についてどう思いますか。

- **She is nice [kind].** （彼女は）やさしい[親切]です。

● **自分の言ったことに理由や説明を加える**　　because は使わなくてもよい

Can you go shopping with me today? 今日一緒に買い物に行きませんか。

- **I can't go. I have to do my homework.**

　行けません。宿題をしなくてはならないのです。

We have to go home now. もう家に帰らなくちゃ。

- **Wait for me. I'm coming.** 待ってて。今行きます。

I'm coming.

● **相手のしたことへコメントする**

I made an apple pie. アップルパイを作ったの。

- **Good job! It looks good.** よくやったね！ おいしそうだね。

I took some photos. 写真を撮りました。　　them それら = photos 写真

- **Really? I'd like to see them.** 本当ですか。見たいです。

● **相手の言ったことについて考えを述べる**

This book is very interesting. この本はとても面白いです。

- **I think so, too.** 私もそう思います。

Good luck (on the test). （テストの）幸運を祈っています（≒ がんばって）。

- **Thank you. You, too.** ありがとう。あなたも。

やってみよう！

解答解説 ➡ 別冊 p.12

次の (1) から (4) までの会話について，（　　）に入れるのに最も適切なものを **1**，**2**，**3**，**4** の中から一つ選び，その番号のマーク欄をぬりつぶしなさい。

(1)　***Woman 1:*** I went hiking last Sunday.

　　Woman 2: (　　　　)

　　Woman 1: It was good, but cold.

　1　Who were you with?　　　　**2**　How was the weather?

　3　How old are you?　　　　　**4**　When did you go?

(2)　***Boy:*** (　　　　)

　　Girl: I enjoyed it.　I want to watch it again.

　1　What time is it now?

　2　What is your favorite movie?

　3　What did you think of the movie?

　4　What will you do today?

(3)　***Mother:*** Do you want more bread?

　　　Son: No, thank you.　(　　　　)

　1　I'll do my best.　　　　　**2**　I'm very hungry.

　3　I'm full.　　　　　　　　　**4**　I was busy.

(4)　***Girl 1:*** Let's go shopping this afternoon.

　　Girl 2: Sorry.　(　　　　)

　1　These are on sale.　　　　**2**　I had a lot of fun this afternoon.

　3　I will go fishing with you.　**4**　I have to do my homework today.

(1)	(2)	(3)	(4)
① ② ③ ④	① ② ③ ④	① ② ③ ④	① ② ③ ④

9 ~ 11 チェックテスト

解答解説 ➡ 別冊 p.12 ~ 14

次の (1) から (4) までの会話について，（　）に入れるのに最も適切なものを **1**，**2**，**3**，**4** の中から一つ選び，その番号のマーク欄をぬりつぶしなさい。

(1) **Boy:** I have a cat. She is white.

　　Girl: (　　　　)

　　Boy: Her name is Snow.

1 What is her name?　　　　**2** How much is this?

3 Where is my cat?　　　　**4** When did she come?

(2) **Woman:** (　　　　)

　　　Man: At 4 a.m. I went fishing.

Woman: Wow. You really like fishing.

1 When did you get up?　　　**2** Who came this morning?

3 Where was your watch?　　**4** Which train do you use?

(3) **Mother:** You should clean your room.

　　　Son: (　　　　) I will.

Mother: Thanks.

1 I don't know it very well.　　**2** Please do it.

3 All right.　　　　　　　　　**4** On the wall.

(4) **Student 1:** Have a good weekend!

Student 2: Thank you. (　　　　)

1 Don't worry.　　　　　　**2** You, too.

3 That's too bad.　　　　　**4** I'm OK.

(1)	(2)	(3)	(4)
① ② ③ ④	① ② ③ ④	① ② ③ ④	① ② ③ ④

ここを見直し！　　Lesson 9　　Lesson 9　　Lesson 10　　Lesson 11

(5) **Man:** Look at that red sport car.

Woman: That is cool! (   )

    Man: My grandmother's.

1 Where is my car?   **2** How is this bike?

3 What color do you like?   **4** Whose car is that?

(6) **Woman:** (   )

    Man: It was wonderful.

Woman: I want to go there, too.

1 Where is the coffee shop?   **2** How much is the coffee?

3 How was the coffee shop?   **4** Which coffee do you like?

(7) **Woman 1:** Can you take a picture of us?

Woman 2: (   )

Woman 1: Thanks.

1 You can do it.   **2** Do it again.

3 Of course.   **4** I slept well.

(8) **Boy:** He is very kind.

Girl: Yeah, (   )

1 it looks good.   **2** I am fine.

3 I think so, too.   **4** it is a good idea.

(5)	(6)	(7)	(8)
① ② ③ ④	① ② ③ ④	① ② ③ ④	① ② ③ ④
Lesson 9	Lesson 9	Lesson 10	Lesson 11

疑問文の組み立て方を確認しよう

🎵 **12**

【筆記 3】 語順整序①

英語の疑問文は最初の言葉と語順が重要です。ここでは，疑問詞を含む疑問文について学びましょう（疑問詞のない疑問文の作り方は Lesson 8 を復習しましょう）。

● **疑問詞の意味と答え方**

What 何, 何が[を] ← 物を答える ｜ **Where** どこで[へ] ← 場所を答える

Who 誰, 誰が[を] ← 人を答える ｜ **Which** どの, どちらが[を] ← 選択肢の中から答える

When いつ ← 時を答える ｜ **How** どうやって・どんな ← 方法・状態を答える

● **疑問詞＋名詞・形容詞・副詞の意味と答え方**

What + 名詞 どんな～ ← 具体的な物を答える

Which + 名詞 どの～ ← 選択肢の中の物・人を答える

What time 何時に ← 時刻を答える

What kind of + 名詞 どんな種類の～ ← ジャンルを答える

How long どのくらい ← 時間や物の長さを答える

How many + 名詞の複数形 いくつの～ ← 数を答える

● **「知りたいこと」から疑問詞を選ぶ**

John　　　**went**　　　　　　**to Osaka**　　　**yesterday.**

①誰が(＝ジョンが)　②何をする[した](＝行った)　③どこへ[で](＝大阪へ)　④いつ(＝昨日)

①誰？　　　　　**Who** went to Osaka yesterday**?**

②何をした？　　**What** did John do yesterday**?**　　　疑問詞は文の始めに置く

③どこへ[で]？　**Where** did John go yesterday**?**

④いつ？　　　　**When** did John go to Osaka**?**

疑問文を使うと，ていねいに頼んだり，勧めたりすることもできます。

● **頼むとき**

Can [Will] you help me**?**　手伝ってくれませんか。

Could [Would] you help me**?**　手伝っていただけませんか。

● **勧めるとき**

Would you like some juice**?**　ジュースはいかがですか。

やってみよう！

解答解説 ➡ 別冊 p.14

次の (1) から (4) までの日本文の意味を表すように①から⑤までを並べかえて□の中に入れなさい。そして，2 番目と 4 番目にくるものの最も適切な組み合わせを **1**，**2**，**3**，**4** の中から一つ選び，その番号のマーク欄をぬりつぶしなさい。※ただし，（　　　）の中では，文のはじめにくる語も小文字になっています。

(1) どの国を訪れたいと思いますか。

（① country　　② want　　③ you　　④ which　　⑤ do ）

	2番目		4番目	

to visit?

1　① - ③　　　**2**　① - ④　　　**3**　⑤ - ③　　　**4**　⑤ - ②

(2) その動物園にはどれだけの数の動物がいますか。

（① animals　　② many　　③ does　　④ the　　⑤ how ）

	2番目		4番目	

zoo have?

1　③ - ①　　　**2**　③ - ②　　　**3**　② - ③　　　**4**　② - ⑤

(3) どんな種類の本を読みたいですか。

（① of　　② do　　③ books　　④ kind　　⑤ what ）

	2番目		4番目	

you want to read?

1　① - ②　　　**2**　① - ④　　　**3**　④ - ③　　　**4**　④ - ⑤

(4) 昨日ジェーンと図書館に行ったのは誰ですか。

（① library　　② went　　③ the　　④ to　　⑤ who ）

	2番目		4番目	

with Jane yesterday?

1　② - ①　　　**2**　② - ③　　　**3**　③ - ①　　　**4**　③ - ②

(1)	(2)	(3)	(4)
① ② ③ ④	① ② ③ ④	① ② ③ ④	① ② ③ ④

セットで使われる表現に注目してみよう

♪ 13

【筆記 3】語順整序②

公式のように基本の形に当てはめて使う表現はセットにして覚えましょう。ここでは，「〜がある・いる」を表す There is / are 〜と，組み合わせて使われることの多い表現を取り上げます。

● There is, There are 〜「〜がある・いる」

There is / are + 名詞 **(+** 場所 **)** （〈場所〉には）〜がある〔いる〕

There is a chair in the room. その部屋にはいすが一つあります。
名詞　　場所

There are chairs in the room. その部屋にはいすが（二つ以上）あります。

There are not any chairs in the room. その部屋にはいすが一つもありません。

How many chairs are there in the room? その部屋にはいすがいくつありますか。

● 組み合わせて使われることの多い表現

be good at + 名詞 **[** 動名詞(〜ing) **]** 〜が得意である
〜すること

My brother is good at math. 私の兄[弟]は数学が得意です。
名詞

I'm not so good at singing. 私は歌うことがあまり得意ではありません。
動名詞

a member of 〜 〜の一員

Are you a member of the rugby team? あなたはラグビー部の一員ですか。

Thank you [Thanks] for + 名詞 **[** 動名詞(〜ing) **]**
〜を（してくれて）ありがとう

Thanks for the present. プレゼントをありがとう。
名詞

Thank you for coming today. 今日は来てくれてありがとう。
動名詞

やってみよう！

解答解説 ➡ 別冊 p.14 ～ 15

次の (1) から (4) までの日本文の意味を表すように①から⑤までを並べかえて □ の中に入れなさい。そして，2 番目と 4 番目にくるものの最も適切な組み合わせを **1**，**2**，**3**，**4** の中から一つ選び，その番号のマーク欄をぬりつぶしなさい。※ただし，（　　　）の中では，文のはじめにくる語も小文字になっています。

(1)　私の兄はバスケットボール部のメンバーです。

（ ① of　　② my brother　　③ is　　④ the basketball　　⑤ a member ）

□ □[2番目] □ □[4番目] □ club.

1　①-②　　　**2**　③-①　　　**3**　④-②　　　**4**　⑤-①

(2)　この教室には 30 人の生徒がいます。

（ ① in　　② there　　③ this　　④ 30 students　　⑤ are ）

□ □[2番目] □ □[4番目] □ classroom.

1　①-②　　　**2**　③-②　　　**3**　④-①　　　**4**　⑤-①

(3)　ジャネットは日本語を話すのが得意です。

（ ① Japanese　　② good　　③ speaking　　④ is　　⑤ at ）

Janet □ □[2番目] □ □[4番目] □ .

1　①-②　　　**2**　①-③　　　**3**　②-③　　　**4**　②-①

(4)　この素敵な贈り物をいただき，ありがとうございました。

（ ① for　　② you　　③ me　　④ giving　　⑤ thank ）

□ □[2番目] □ □[4番目] □ this nice gift.

1　②-③　　　**2**　②-④　　　**3**　③-①　　　**4**　③-④

(1)	(2)	(3)	(4)
① ② ③ ④	① ② ③ ④	① ② ③ ④	① ② ③ ④

単熟語

文法

会話表現

文の組み立て

長文読解

リスニング

いろいろな表現を使って文を作ろう

🎵 14

英語には日本語の「が」や「を」に当たる言葉がありません。単語を並べる順序でそれを表します。「〜に…を」のように目的語が2つある文の場合は，特に注意しましょう。

●前置詞を使わずに「〜に…を」を表す

| 動詞 | ＋ | 人 に ＋ | …を |

語順が重要!!

Ted **showed us a photo.**　テッドは私たちに写真を見せてくれた。

My father **bought me a new watch.**　父は私に新しい時計を買ってくれた。

●前置詞を使って「〜に…を」を表す

| 動詞 | ＋ | …を ＋ | **to / for 人** |

Ted **showed a photo to us.**

My father **bought a new watch for me.**

この他，筆記3の語句を正しく並べかえる問題には，前置詞や接続詞のように日本語と語順が逆になるものがよく出題されます。以下で確認しましょう。

●前置詞を含む表現

from A to B　AからBへ

between A and B　AとBの間に［で］

next to A　Aの隣に［で / の］

next to A

between A and B

●接続詞を含む表現

before 主語＋動詞　〜が…する前に

Wash your hands **before you eat.**　食べる前に手を洗いなさい。

because 主語＋動詞　〜が…するので

We didn't go out **because it snowed.**　雪が降ったので私たちは外出しなかった。

また，help「手伝う」の使い方や比較の表現（p.29）にも注意しましょう。

●help の使い方

help ＋ 人 **＋ with ＋ …**　〜の…を手伝う

具体的な内容が入る

Lisa **helped me with my English homework.**

リサは私の英語の宿題を手伝ってくれた。

やってみよう!

解答解説 ➡ 別冊 p.15

次の (1) から (4) までの日本文の意味を表すように①から⑤までを並べかえて □ の中に入れなさい。そして，2 番目と 4 番目にくるものの最も適切な組み合わせを **1**，**2**，**3**，**4** の中から一つ選び，その番号のマーク欄をぬりつぶしなさい。※ただし，(　　　　) の中では，文のはじめにくる語も小文字になっています。

(1)　あなたの新しい車を私に見せてください。

(① me 　　② car 　　③ new 　　④ show 　　⑤ your)

Please □ □（2番目） □ □（4番目） □ .

1 ① - ② 　　　**2** ① - ③ 　　　**3** ③ - ① 　　　**4** ③ - ④

(2)　私は東京から大阪へ引っ越すつもりです。

(① from 　　② will 　　③ Tokyo 　　④ to 　　⑤ move)

I □ □（2番目） □ □（4番目） □ Osaka.

1 ① - ③ 　　　**2** ① - ⑤ 　　　**3** ⑤ - ① 　　　**4** ⑤ - ③

(3)　駅の隣に大きなビルがあります。

(① big 　　② a 　　③ next 　　④ building 　　⑤ is)

There □ □（2番目） □ □（4番目） □ to the station.

1 ② - ③ 　　　**2** ② - ④ 　　　**3** ④ - ③ 　　　**4** ④ - ⑤

(4)　テレビを見る前に，宿題をしなさい。

(① watch 　　② do 　　③ your homework 　　④ you 　　⑤ before)

□ □（2番目） □ □（4番目） □ TV.

1 ① - ③ 　　　**2** ① - ④ 　　　**3** ③ - ④ 　　　**4** ③ - ⑤

(1)	(2)	(3)	(4)
① ② ③ ④	① ② ③ ④	① ② ③ ④	① ② ③ ④

次の (1) から (4) までの日本文の意味を表すように①から⑤までを並べかえて ☐ の中に入れなさい。そして，2番目と4番目にくるものの最も適切な組み合わせを **1**，**2**，**3**，**4** の中から一つ選び，その番号のマーク欄をぬりつぶしなさい。※ただし，（　　）の中では，文のはじめにくる語も小文字になっています。

(1) どの本を買いたいですか。

（ ① want　② do　③ you　④ which　⑤ book ）

☐ ☐ ☐ ☐ ☐ to buy?

1 ①-③　　**2** ②-④　　**3** ⑤-③　　**4** ⑤-②

(2) その動物園には3頭のライオンがいる。

（ ① are　② at　③ lions　④ three　⑤ there ）

☐ ☐ ☐ ☐ ☐ the zoo.

1 ①-③　　**2** ②-③　　**3** ③-④　　**4** ③-⑤

(3) 私はふだん，寝る前に英語を勉強します。

（ ① study　② before　③ English　④ go　⑤ I ）

I usually ☐ ☐ ☐ ☐ ☐ to bed.

1 ①-②　　**2** ①-④　　**3** ③-⑤　　**4** ④-⑤

(4) ここから郵便局まではどのくらいありますか。

（ ① far　② it　③ how　④ is　⑤ from ）

☐ ☐ ☐ ☐ ☐ here to the post office?

1 ③-②　　**2** ③-④　　**3** ①-②　　**4** ①-④

(1)	(2)	(3)	(4)
① ② ③ ④	① ② ③ ④	① ② ③ ④	① ② ③ ④

ここを見直し！　Lesson 12　Lesson 13　Lesson 14　Lesson 12

(5) 誰が隣の部屋でピアノを弾いているのですか。

(① is ② in ③ the piano ④ who ⑤ playing)

| | 2番目 | | 4番目 | |

the next room?

1 ①-③ **2** ②-④ **3** ⑤-③ **4** ⑤-②

(6) この悪天候の中，お越しいただき，ありがとうございます。

(① in ② for ③ you ④ coming ⑤ thank)

| | 2番目 | | 4番目 | |

this bad weather.

1 ①-② **2** ②-④ **3** ③-④ **4** ④-⑤

(7) ケンは昨日，私に3冊の本をくれました。

(① three ② books ③ me ④ gave ⑤ Ken)

| | 2番目 | | 4番目 | |

yesterday.

1 ①-② **2** ①-④ **3** ④-① **4** ④-⑤

(8) あの星は太陽よりも大きいです。

(① than ② bigger ③ star ④ is ⑤ that)

| | 2番目 | | 4番目 | |

the Sun.

1 ②-① **2** ②-③ **3** ③-① **4** ③-②

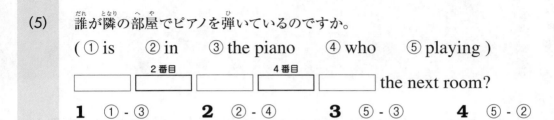
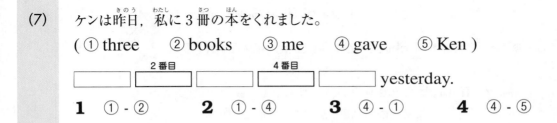

(5)	(6)	(7)	(8)
① ② ③ ④	① ② ③ ④	① ② ③ ④	① ② ③ ④
Lesson 12	Lesson 13	Lesson 14	Lesson 14

掲示・お知らせを読もう

筆記 4 Ａでは掲示やお知らせを読んで設問に答えます。掲示文は，情報が伝わりやすいように簡潔に書かれています。基本となる形式を覚えましょう。

見出し➡ **Dance! Dance! Dance!**

内容➡ Green Village High School will have a dance.

日付➡ Date: November 7

時間➡ Time: 1 p.m. to 3 p.m.

開催場所➡ Place: In front of Blue Sky Gym

販売場所と料金➡ Ticket Price: At Blue Sky Gym $5
Online $3

補足➡ If it rains, we will have the dance in the gym and you will get a towel for free.

> 設問の中の言葉を掲示文の中に探そう。その近くに答えがある。

---

(1) How much is an online ticket?
オンラインチケットはいくらですか。

1 $1. 1 ドル。

2 $3. 3 ドル。

3 $5. 5 ドル。

4 $7. 7 ドル。 〈正解 **2**〉

> 設問が疑問文の場合は文のはじめに注目

【訳】
ダンス！ ダンス！ ダンス！
グリーンビレッジ高校がダンスパーティーを開催します。
日にち：11 月 7 日
時間：午後 1 時から午後 3 時
場所：ブルースカイジムの前
チケット代：ブルースカイジムで　5 ドル
　　　　　　　オンラインで　3 ドル
雨天の場合，ジム内でダンスパーティーを行い，タオルを無料で差し上げます。

(2) If it rains, people will get
雨天の場合，人々がもらえるものは，

1 a free ticket. **2** a free drink.
無料のチケット。　　　無料の飲み物。

3 a free towel. **4** a free fan.
無料のタオル。　　　無料のうちわ。

〈正解 **3**〉

> 設問の文が途中で切れている場合は，それに対応する語句を英文中に探し，それに続く語句を選択肢から選んで，文を完成させよう。

◆ 掲示文やお知らせによく使われる表現 ◆

Don't miss ~.	~をお見逃しなく。	Join us.	参加してください。
We are looking for ~.	~を探しています。	free / for free	無料の／無料で
For more information,	詳しくは，	Don't forget to ~.	~するのを忘れないで。

やってみよう！

解答解説 ➡ 別冊 p.16 〜 17

次の掲示の内容に関して，(1) と (2) の質問に対する答えとして最も適切なもの，または文を完成させるのに最も適切なものを **1**，**2**，**3**，**4** の中から一つ選び，その番号のマーク欄をぬりつぶしなさい。

West City Library Closing

We are going to be closed for one week for the winter holidays.
Date: December 27 to January 2

If you want to return books or CDs during this time,
please put them in the return box in front of the gate.

On January 3, we will be open for only six hours,
from 9 a.m. to 3 p.m. Thank you!

---

(1) When will the library's winter holidays start?

1 December 27.

2 December 28.

3 January 2.

4 January 3.

(2) If you return books during the holiday, you have to

1 call the library.

2 use the return box.

3 open the gate.

4 post them in the mailbox.

(1)	(2)
① ② ③ ④	① ② ③ ④

合格 LESSON 16　Ｅメール・手紙を読もう

筆記４Ｂは２通ひと組のＥメールに関する問題です。２通目のメールは１通目のメールへの返信です。差出人とあて先が入れ替わることに注意しましょう。Subject「件名」の部分に，それぞれのメールの主旨が書かれているので，ヒントになります。設問を読み，ポイントをしぼって必要な情報を読み取りましょう。

◆１通目◆

From: David Wilson ←差出人（＝本文中の I）
To: Kevin Miller ←あて先（＝本文中の you）
Date: October 20 ←日付
Subject: Wednesday night ←件名（＝このメールの主旨）

Hi Kevin,
Do you have any plans this Wednesday night? My father gave me free tickets to a baseball game. Can you come with me? We can buy baseball caps or T-shirts before the game starts. Let's take the train to get there because there is no bus.
I hope you can come.
David

◆２通目◆

From: Kevin Miller ←差出人
To: David Wilson ←あて先 ］ １通目と逆になる
Date: October 20 ←日付
Subject: Sorry ←件名

Hi David,
Thank you for inviting me. I really want to go, but I have a piano concert on that night. My brother plays baseball at a club and he always watches baseball game on TV. He will be happy if he can go with you.
Thanks,
Kevin

(1) **Who gave baseball tickets for free?**
誰が野球のチケットを無料でくれましたか。

1 Kevin. ケビン。

2 Kevin's father. ケビンの父。

3 David. デイビッド。

4 David's father. デイビッドの父。

本文から gave, baseball, ticket などの言葉を探そう。その近くに答えが見つかる。
1通目のメールに My father gave me free tickets ... と書かれている。このメールを書いているのは差出人の David。つまり，My=David の，と考えられる。

〈正解 **4**〉

(2) **How will David go to the baseball game?**
デイビッドは野球の試合にどうやって行きますか。

1 By bus. バスで。　　2 By car. 車で。

3 By bike. 自転車で。　4 By train. 列車で。

本文から，選択肢にある交通手段を探そう。train と bus が出てくるが，there is no bus から bus ではないと分かる。

〈正解 **4**〉

「行けない理由」が続く

(3) **Kevin cannot go to the baseball game because**
ケビンが野球の試合に行けない理由は，

1 he practices baseball at a club.
彼は部活動で野球を練習する。

2 he wants to watch game on TV.
彼はテレビで試合を見たい。

3 he has a piano concert.
彼はピアノコンサートがある。

4 he has a lot of homework.
彼は宿題がたくさんある。

Kevin についての文なので，2通目のメールを見よう。2文目に「行けない理由」が書かれている。1の practices baseball at a club と2の watch game on TV は David の弟について書かれた文の中にある。

〈正解 **3**〉

【訳】
こんにちは，ケビン，
今週の水曜日の夜には，何か予定があるかな？ 父が僕に野球の試合の無料チケットをくれたんだ。一緒に来てくれる？ 試合の前に，野球帽やTシャツを買うことができるよ。バスがないので，そこに行くのには列車に乗ろう。
君が来られるといいな。
デイビッド

- -

こんにちは，デイビッド，
お誘いありがとう。僕はとても行きたいけれど，その夜にはピアノコンサートがあるんだ。僕の弟が部活動で野球をしていて，いつも野球の試合をテレビで見ているよ。もし君と一緒に行ければ彼は喜ぶだろうと思うよ。
ありがとう，
ケビン

なお，筆記4BはEメールの代わりに手紙文が出題される場合があります。**1通しかないこと**，**件名が書かれないこと**，**差出人の名前が右下に書かれること**以外は大きな違いはありません。Eメールの問題同様，設問に関係のある文を探しながら読むとよいでしょう。

やってみよう!

解答解説 ➡ 別冊 p.17

次の E メールの内容に関して，(1) から (3) までの質問に対する答えとして最も適切なもの，または文を完成させるのに最も適切なものを **1**，**2**，**3**，**4** の中から一つ選び，その番号のマーク欄をぬりつぶしなさい。

From: Jim Smith
To: Mari Okada
Date: February 14
Subject: I'm OK now!

Hi Mari,

Last week, I had a bad cold and was in bed for a week. I saw your e-mail just now. Sorry to write back so late. I feel better at last. I will go to school next Monday. How is the math class? Is the class getting harder? I am not good at math, so I am worried about the next test. Can you show me your notebook?

Jim

From: Mari Okada
To: Jim Smith
Date: February 15
Subject: That's good!

Hi Jim,

Of course, I'll show you my notebook. Anna and Pat also have a cold now and they are sick in bed, too. It is cold and dry these days, so a lot of students have a cold and cannot come to school this week. Anyway, I am very well and go to school every day. So, I can show you all my math class notes. The class was not difficult, don't worry.

See you soon!

Mari

---

(1) When will Jim go to school next time?

    1 On Monday.

    2 On Tuesday.

    3 On Wednesday.

    4 On Thursday.

(2) What will Mari show to Jim?

    1 Her textbook.

    2 Her notebook.

    3 Her e-mail.

    4 Her class.

(3) A lot of students don't come to school because

    1 the weather is bad.

    2 they don't like math.

    3 it is vacation.

    4 they are not feeling well.

単熟語

文法

会話表現

文の組み立て

長文読解

リスニング

(1)	(2)	(3)
① ② ③ ④	① ② ③ ④	① ② ③ ④

17 説明文を読もう

合格 LESSON

筆記４Ｃは説明文の読解問題です。設問は本文の流れに沿った順序になっています。まず質問を読み，その答えになりそうな箇所を探しながら読み進めましょう。

◆読解の手順◆

1. まず設問を読む。疑問文ならば最初の疑問詞に対する答え，文が途中で切れている場合はそれに続く内容を選ぶ。カギになりそうな言葉に印をつける。

2. 設問のポイントを意識しながら本文を読む。

3. 設問に関係する箇所を見つけたら，印をつけた言葉を中心に，設問と選択肢の中にある語句と同じ語句があるか調べる。同じ内容を違う言葉で言い換えている場合もあるので注意。

次の例題で手順を確認しましょう。

A Family Trip to Tokyo

Emma is 13 years old and she lives in Hawaii with her parents. Her grandfather is Japanese, so she always wanted to go to Tokyo. One day, her father said, "Let's go to Tokyo for New Year!" Emma was so happy to hear that.

「それを聞いて」「それ」とは？

Emma's family took an airplane to go to Tokyo. On the airplane, Emma was excited about everything. She sat in the window seat and enjoyed the view. Later, she watched movies. For lunch, she had a beef sandwich.

They reached Tokyo in the early morning. They went to the hotel first and put their bags there. They relaxed there and then they went shopping to buy some sweaters. Emma wanted to try Japanese food, so they went to a sushi restaurant. She had a great time with her parents in Tokyo. Now, she wants to learn Japanese and study in Japan in the future.

(1) <u>Why</u> was Emma (happy)?   ┈ happy という言葉を本文中に探す。その近くに答えがあるはず。

なぜエマはうれしかったのですか。

1 She can live in Hawaii.   彼女はハワイに住むことができる。
   ┈ 本文の go to が visit と書き換えられている。
2 She can visit Tokyo.   彼女は東京を訪ねることができる。
3 Her grandfather will see her.   彼女の祖父が彼女に会いに来る。
4 Her parents will buy her a game.   彼女の両親が彼女にゲームを買ってくれる。

〈正解 **2**〉

(2) <u>On the airplane, Emma</u> (enjoyed)   ┈ enjoy(ed) という言葉を本文中に探す。その周囲に選択肢と同じ (or 似た) 言葉があるかチェック。

飛行機で，エマが楽しんだのは

1 eating cookie.   クッキーを食べること。   ┈ eat=have
2 reading a magazine.   雑誌を読むこと。
3 watching TV programs.   テレビ番組を見ること。
   ┈ view「景色」を楽しんだ。window seat「窓側の座席」で。
4 the view from the window.   窓からの景色。

〈正解 **4**〉

(3) <u>Where</u> did they go (first)?   ┈ first という言葉を本文中に探す。その周囲に選択肢と同じ (または似た) 言葉があるかチェック。did ~ go から，go は本文中では過去形 went で出てくると予想しよう。

彼らはまずどこに行きましたか。

1 To a restaurant.   レストランに。
2 To a gift shop.   土産物店に。
3 To a hotel.   ホテルに。
4 To Tokyo Station.   東京駅に。

〈正解 **3**〉

※実際の筆記4Cでは一つの説明文から設問が5つ出題されます。

【訳】
東京への家族旅行
エマは 13 歳で，両親と一緒にハワイに住んでいます。彼女の祖父は日本人なので，彼女はいつも東京に行きたいと思っていました。ある日，彼女の父が「新年には東京に行こう！」と言いました。エマはそれを聞いてとてもうれしかったです。
エマの家族は東京に行くために飛行機に乗りました。飛行機で，エマはすべてのことにわくわくしました。彼女は窓側の席に座り，景色を楽しみました。その後，彼女は映画を見ました。お昼に，彼女はビーフサンドイッチを食べました。
彼らは朝早く東京に着きました。彼らはまずホテルに行き，そこにかばんを置きました。彼らはそこでくつろぎ，それからセーターを買うために買い物に行きました。エマは日本料理を食べてみたかったので，彼らはおすし屋さんに行きました。彼女は両親と一緒に東京で素晴らしい時間を過ごしました。彼女は今，日本語を習い，将来は日本で学びたいと思っています。

やってみよう！

解答解説 ➡ 別冊 p.18

次の英文の内容に関して，(1) から (5) までの質問に対する答えとして最も適切なもの，または文を完成させるのに最も適切なものを **1**，**2**，**3**，**4** の中から一つ選び，その番号のマーク欄をぬりつぶしなさい。

Cleaning the Hiking Roads

Alice is a junior high school student in Denver. She likes to go hiking in the mountains near her school. One day, she thought, "more and more people are visiting the place, and the hiking roads are becoming dirty*." She and her friends Kent and Cathy talked about the problem. They decided to* clean the roads.

On the first day of August, they cleaned the roads for about five hours. The hiking roads became cleaner. It was a hot day and they were very tired, but they felt happy. There were still many dirty places, so they decided to clean them every month. They asked their friends for help*.

Now, a lot of other students join the cleaning. About 50 people clean the hiking roads every month. The roads are cleaner than before but there are still cans and plastic bottles around them. Alice says, "We need more help."

* dirty：汚れた

* decide to ～：～することを決める

* ask ～ for help：～に助けを求める

(1) Where does Alice like to go?

    1 To a junior high school.

    2 To a friend's home.

    3 To the mountains.

    4 To the lakes.

(2) When did they start cleaning?

    1 In June.

    2 In July.

    3 In August.

    4 In September.

(3) Now, Alice cleans the road with many

    1 teachers.

    2 students.

    3 professionals.

    4 families.

(4) How many people clean the roads every month?

    1 About 20.

    2 About 30.

    3 About 40.

    4 About 50.

(5) Alice wants more people to

    1 clean the roads.

    2 go on a picnic.

    3 go hiking together.

    4 study nature.

(1)	(2)	(3)	(4)	(5)
① ② ③ ④	① ② ③ ④	① ② ③ ④	① ② ③ ④	① ② ③ ④

次の掲示の内容に関して，(1) と (2) の質問に対する答えとして最も適切なもの，または文を完成させるのに最も適切なものを **1**，**2**，**3**，**4** の中から一つ選び，その番号のマーク欄をぬりつぶしなさい。

JJ COFFEE SHOP Opening Sale

We are going to open on March 1!

From March 1 to March 3, you can buy all our coffee
at special low prices.
Please come and try our coffee, cake and sandwiches.

The first 10 customers each day will get free chocolate.
We are looking forward to seeing you.

Hours: 9 a.m. to 9 p.m.

(1)   When will the shop's opening sale end?

    1 March 1.

    2 March 3.

    3 March 5.

    4 March 9.

(2)   What can first 10 customers each day have for free?

    1 Coffee.

    2 Sandwiches.

    3 Cake.

    4 Chocolate.

単
熟
語

文
法

会
話
表
現

文
の
組
み
立
て

長
文
読
解

リ
ス
ニ
ン
グ

(1)	(2)
① ② ③ ④	① ② ③ ④

次のＥメールの内容に関して，(3) から (5) までの質問に対する答えとして最も適切なもの，または文を完成させるのに最も適切なものを **1**，**2**，**3**，**4** の中から一つ選び，その番号のマーク欄をぬりつぶしなさい。

From: Jill Stone
To: Yumi Suzuki
Date: June 5
Subject: Teach me!

Hi Yumi,

It's very hot these days. It's almost* summer, but I don't like summer because I'm not good at swimming. It is a big problem for me. You were the best swimmer in our junior high school last summer. My dad and mom aren't good swimmers. Please teach me to swim this summer vacation. I really want to learn to swim.

Jill

From: Yumi Suzuki
To: Jill Stone
Date: June 6
Subject: OK!

Hi Jill,

How are you? I'm fine! I didn't know you cannot swim. I'll teach you to swim this summer. Don't worry! You'll be able to swim soon. My aunt lives near our school and she has a small pool. I think we can use it. She's also a good swimmer and we can teach you together. I also have a problem. I can't do winter sports. If it is OK with you, could you teach me to ski this winter?

Yumi

---

* almost：ほとんど，ほぼ

(3) Who swims well?

   1 Jill.

   2 Jill's father.

   3 Jill's mother.

   4 Yumi.

(4) What does Yumi's aunt have?

   1 A summer vacation.

   2 A swimming pool.

   3 A school.

   4 A ski jacket.

(5) What does Yumi want to learn?

   1 To swim.

   2 To speak English.

   3 To buy a pool.

   4 To ski.

ここを見直し！

(3)	(4)	(5)
① ② ③ ④	① ② ③ ④	① ② ③ ④
Lesson 16	Lesson 16	Lesson 16

次の英文の内容に関して，(6) から (10) までの質問に対する答えとして最も適切なもの，または文を完成させるのに最も適切なものを **1**，**2**，**3**，**4** の中から一つ選び，その番号のマーク欄をぬりつぶしなさい。

Josh's Cooking

Josh is a college student from Canada. He came to Japan two years ago. He lives alone and goes to his college in Tokyo. At first, he was not good at cooking and often went to restaurants to eat. After a few months, he thought, "I spend* too much money on food and now I am fat. I need to eat healthier food. So, I have to cook myself." He decided to take cooking lessons.

He learned to make Japanese, Chinese and French food at the school. His favorite is Japanese food. Then, he began to cook dinner for his friends. One day, he had a small party at home and made many kinds of sushi, tempura and a big cake for his friends. Everyone at the party said, "Everything tastes great! You are a good cook." Josh was really happy to hear that.

He is going to move back to Canada next month. He is looking forward to making meals* for his family.

* spend：〈金〉を使う，費やす
* meal：食事

(6) When did Josh come to Japan?

1 Three years ago.   **2** Two years ago.

3 Last year.   **4** A month ago.

(7) Where did Josh eat meals at first?

1 At the university.   **2** At home.

3 At restaurants.   **4** At the cooking school.

(8) How did Josh learn to cook?

1 His Japanese friends taught him.

2 His mother taught him.

3 He went to cooking classes.

4 He read some books.

(9) Which food does Josh like the best?

1 Japanese food.   **2** Italian food.

3 French food.   **4** Chinese food.

(10) Josh is looking forward to

1 being a college student.

2 having Japanese food in Tokyo.

3 cooking for his family.

4 going to his birthday party.

(6)	(7)	(8)	(9)	(10)
① ② ③ ④	① ② ③ ④	① ② ③ ④	① ② ③ ④	① ② ③ ④
ここを見直し！ Lesson 17	Lesson 17	Lesson 17	Lesson 17	Lesson 17

何？ どれ？ いつ？ などに 答えよう

🎵 15

【リスニング 1】疑問文・疑問詞②

リスニング第 1 部では，対話の最後の文に対して最適な応答を選びます。最も多いのが疑問詞で始まる疑問文に対する応答を選ぶ問題です。文の始めに集中して聞きましょう。答え方は一つではありません。音声を聞きながら確認しておきましょう。

● 疑問詞疑問文とその答え方

> 過去形の質問へ答えるときは，動詞が過去形になることに注意！

[何] **What did** you **do**? - We **played golf**.
あなたたちは何をしましたか。　私たちはゴルフをしました。

[誰] **Who** paint**ed** this picture? - My father **did**.
誰がこの絵を描きましたか。　　　私の父が描きました。

[いつ] **When** did you come back? - **At** 7:00. / **On** Sunday. / **Yesterday**.
あなたはいつ戻ってきましたか。　7 時に。／日曜日に。／昨日。

[どこ] **Where** do you practice? - **In** the gym. / **At** home.
あなたはどこで練習しますか。　　体育館で。／家で。

[どの] **Which pen** is yours? - **The** black **one**.
どのペンがあなたのですか。　　　黒いペンです。

● How「どう？・どうやって？」の疑問文

[状態・感想] (**I saw a movie.** に対して) **How** was <u>it</u>? - **It** was great [exciting].
　　　　　　　　　　　　　　　　　　それはどうでしたか。　それは素晴らしかったです[わくわくしました]。

[方法] **How** do you go to school? - **By** bus. / I **walk**.
あなたはどうやって学校に行きますか。　バスで。／歩いて行きます。

● How ～「どのくらい ～ ？」の疑問文

How many?

[数] **How many eggs** do you need? - Three.
卵がいくつ必要ですか。　　　　　　　　　3 つです。

[期間] **How long** did you stay there? - **For** a week.
どれくらい長くそこに滞在しましたか。　1 週間。

[頻度] **How often** do you take lessons? - Every Wednesday.
どのくらいの頻度で授業を受けますか。　　毎週水曜日に。

[値段・量] **How much** are these shoes? - They are 50 **dollars**.
このくつはいくらですか。　　　　　50 ドルです。

● 注意すべき疑問文

[種類・ジャンル] **What kind of** music do you like? - I like **pop** music.
　　　　どんな種類の音楽が好きですか。　　　　　ポップミュージックが好きです。

[職業] **What does** your brother **do**? - **He is a** doctor. / **He writes** novels.
あなたのお兄さんは何をしていますか。　　彼は医者です。／彼は小説を書いています。

やってみよう!

解答解説 ➡ 別冊 p.21 ～ 22

イラストを参考にしながら対話と応答を聞き，最も適切な応答を **1**，**2**，**3** の中から一つ選び，その番号のマーク欄をぬりつぶしなさい。

♪ 16

(1)

(2)

(3)

(4)

(1)	(2)	(3)	(4)
① ② ③	① ② ③	① ② ③	① ② ③

Yes / No に続けて 答えよう

17

疑問詞のない疑問文には Yes / No で答えるのが基本ですが，実際の会話では，いろいろな展開があります。話題を意識して，関連するものを選ぶようにしましょう。

● **Yes / No に続けて答える** (基本的な答え方は Lesson 9 参照)

質問例 1　**Do you speak Chinese?** 中国語を話せますか。

No, not really.

応答例　**Yes, a little.** ええ，少しですが。

No, not really. いえ，それほどは（話せません）。

質問例 2　**Is it good?** それは良いですか。

応答例　**Yeah, it's great.** ええ，素晴らしいです。/ **Not bad.** 悪くないです。

I like it. 好きです。

質問例 3　**Do you want some cookies?** クッキーはいかがですか。

応答例　**Yes, please.** はい，お願いします。/ **Yes, just one.** はい，では一つだけ。

Yeah, they look good. ええ，おいしそうですね。

No, thank you. いいえ，結構です。/ **Not now, thanks.** 今は結構です。

No, I'm full. いいえ，お腹がいっぱいです。

実際の会話では，顔の表情やうなずくことで Yes / No を表すことができるので，それを飛ばして話を進めることがよくあります。話がつながることを意識しましょう。

● **Yes / No を言わずに話を進める場合**　　= How often? と考える

質問例 1　**Do you often go there?** そこにはよく行くのですか。

応答例　**Every Sunday.** 毎週日曜日に。/ **Almost every day.** ほぼ毎日。

質問例 2　**Do you have any T-shirts?** Tシャツはありますか。　= Where? と考える

応答例　**They are on the 2nd floor.** 2階にあります。/ **They are over there.** あちらに。/ **They are in Section C.** 区画 C に。

質問例 3　(店で) **Can I help you with anything?** 何かお手伝いしましょうか。

応答例　**I'm looking for a hat.** ぼうしを探しています。/ **I'm just looking, thank you.** ちょっと見ているだけです，ありがとう。

返事をする前に Well, 「そうですねえ ...」と言って少し間を置くことがあります。
また，相手の言うことを聞いた上で，「それじゃあ，」「では，」と言いたいときには then を文の最初か最後に付けます。覚えておきましょう。

やってみよう！

解答解説 ➡ 別冊 p.22 〜 23

イラストを参考にしながら対話と応答を聞き，最も適切な応答を **1**，**2**，**3** の中から一つ選び，その番号のマーク欄をぬりつぶしなさい。

🎵 18

(1)

(2)

(3)

(4)

(1)	(2)	(3)	(4)
① ② ③	① ② ③	① ② ③	① ② ③

LESSON 20 合格 自然な受け答えを身につけよう

♪ 19

【リスニング 1】会話表現③

リスニング第1部では最後の文の聞き取りが重要です。疑問文でないとき（終わりが下げ調子で読まれるのも特徴）はいろいろな状況が考えられます。場面に合わせて自然な応答のしかたを学びましょう。

●感想を述べる

良い知らせ I'm going to visit my friend in Canada.
私はカナダにいる友人を訪ねる予定です。

応答例 That's great [exciting]. / Sounds good.
それは素晴らしいですね [わくわくしますね]。／良さそうですね。

悪い知らせ I went to the zoo, but I couldn't see the baby panda.
私は動物園に行きましたが，パンダの赤ちゃんを見られませんでした。

応答例 That's too bad. / I'm sorry to hear that. それを聞いて残念です。

●相手と一緒に行動する

提案の例 We should go by train. / Let's go by train. 電車で行こう。

応答例 OK. / Yes, let's do that. そうしよう。　Good idea. いいね。

●命令や指示などに答える

指示の例 Finish your homework, please. 宿題を済ませてください。

応答例 OK. / All right. 分かりました。　I will. / I'll do that. そうします。
I'll try, but it's difficult. やってみます，でも難しいです。

あいさつの例 Have a nice vacation. / Have a good time. / Good luck.
良い休暇を。／楽しい時間を。／うまくいきますように。

応答例 Thanks. / Thank you. ありがとう。
You, too. / (The) Same to you. あなたも。

●相手の気持ち・やりたいことを思いやる

That's a little expensive. それはちょっと高価ですね。➡ （安いものがいい？）➡
We have cheaper ones here. こちらにもっと安いものがございます。

This homework is too difficult. この宿題は難しすぎます。➡ （困っている？）➡
I can help you. 手伝いますよ。/ Can I help you? 手伝いましょうか。

76

やってみよう！

解答解説 ➡ 別冊 p.23 ～ 24

イラストを参考にしながら対話と応答を聞き，最も適切な応答を **1**，**2**，**3** の中から一つ選び，その番号のマーク欄をぬりつぶしなさい。

🎵 20

(1)

(2)

(3)

(4)

(1)	(2)	(3)	(4)
① ② ③	① ② ③	① ② ③	① ② ③

単熟語

文法

会話表現

文の組み立て

長文読解

リスニング

提案・依頼・その他の重要な表現

よく取り上げられる状況や場面に注目してみましょう。ここでは特に, How about ～?
の使い方と, Can で始まる質問とその答え方を確認しましょう。

● How about ～?　提案する・話題を他に向ける

状況例 1　(店で) **I'm looking for a coat.**　コートがほしいのですが。

応答例　**How about this one?**　これはいかがでしょう。 ← 提案

状況例 2　**I can't go today.**　今日は行けません。

応答例　**How about next weekend?**　次の週末はいかがですか。 ← 代案

状況例 3　**I love movies. How about you?**　私は映画が大好きです。あなたはどうですか。 → 話を向ける

● Can I ～? / Can we ～? / Can you ～?　許可を求める・依頼する
（基本的な答え方は Lesson 10 参照）

質問例 1　**Can I have some tea?**　紅茶をいただいてもいいですか。

応答例　**Sure.**　もちろん。 / **Yes, here you are.**　はい，どうぞ。

Sorry, we don't have any.　すみませんが，ありません。

質問例 2　**Can I talk to you now?**　今，お話ししてもいいですか。

応答例　**Sure.**　もちろん。 / **Yes, come in.**　ええ，お入りなさい。

Yes, sit down.　ええ，お座りください。

Sorry, I don't have time.　ごめんなさい，時間がありません。

Sorry, not now.　ごめんなさい，今はだめです。

質問例 3　**Can we go now?**　さあ，行きましょうか。

応答例　**OK. / All right.**　いいですよ。　**Yeah, let's go.**　ええ，行きましょう。

Wait. I'm not ready.　待ってください。準備ができていません。

Not today.　今日はだめです。

質問例 4　**Can you come and pick me up?**　車で迎えに来てくれませんか。

応答例　**OK. / All right. / Sure. / No problem.**　いいですよ。

Sorry, I can't.　ごめんなさい，できません。

Sorry, I'm busy now.　ごめんなさい，今は忙しいです。

やってみよう!

解答解説 ➡ 別冊 p.24 〜 25

イラストを参考にしながら対話と応答を聞き，最も適切な応答を **1**，**2**，**3** の中から一つ選び，その番号のマーク欄をぬりつぶしなさい。　🎵 **22**

(1)

(2)

(3)

(4)

(1)	(2)	(3)	(4)
① ② ③	① ② ③	① ② ③	① ② ③

単熟語　文法　会話表現　文の組み立て　長文読解　リスニング

🎵 23

イラストを参考にしながら対話と応答を聞き，最も適切な応答を **1**，**2**，**3** の中から一つ選び，
その番号のマーク欄をぬりつぶしなさい。

(1)

(2)

(3)

(4)

(1)	(2)	(3)	(4)
① ② ③	① ② ③	① ② ③	① ② ③
Lesson 18	Lesson 19	Lesson 20	Lesson 21

ここを見直し！

(5)

(6)

(7)

(8)

(5)	(6)	(7)	(8)
① ② ③	① ② ③	① ② ③	① ② ③
Lesson 18	Lesson 19	Lesson 20	Lesson 21

【リスニング 2】会話の内容一致①

英語では音の高低や強さ，リズムがとても大切です。聞き手に必ず聞き取ってほしい重要な言葉は，**ゆっくり高く発音**され，反対に，それほど重要でない言葉は，**速く低く**なります。ゆっくり高く読まれる部分に注目しましょう。

● **重要な言葉に集中して聞き取る**

> ゆっくり高く発音される重要な語をチェックしよう！

元の文 John is going to visit his uncle in China.
ジョンは中国にいる彼のおじを訪ねる予定です。

実際の音 John is going to visit his uncle in China.

質問例 Who is going to visit Uncle? - John is.
誰がおじを訪ねる予定ですか。　　　ジョンが。

Who is John going to visit? - His uncle.
ジョンは誰を訪ねる予定ですか。　　彼のおじを。

What is John going to do? - Visit his uncle.
ジョンは何をするつもりですか。　　彼のおじを訪ねる。

> 全て聞き取る必要はない。はっきりゆっくり聞こえてきた音をきちんと聞き取り，覚えておく。

英語では，会話の中でよく相手に名前で呼びかけます。文の前や後で上げ調子（ ➚ ）に発音されるのがそれです。選択肢に名前が並んでいる場合は，話し手の2人の名前を中心にして，他の人物との関係を把握するようにしましょう。

● **人名に注意して聞き取る**

> 選択肢に並ぶ名前に注目して，人物の関係性を考えながら対話を聞く。

選択肢の例
1 Mrs. Jones. ジョーンズさん。
2 Michael. マイケル。
3 Amy. エイミー。
4 Michael's sister. マイケルの妹。

（電話の音）
☆：Hello.
★：Hello, Mrs. Jones ➚. It's Michael. Is Amy there?
☆：Sorry, Michael ➚. She's at volleyball practice now.
★：I see. I'll call again.
Question: Who will call again?　〈正解 **2**〉

【訳】☆：もしもし。
　　　★：もしもし，ジョーンズさん。マイケルです。エイミーはいますか。
　　　☆：ごめんなさい，マイケル。今バレーボールの練習に行ってるの。
　　　★：分かりました。また電話します。
　　　質問：また電話するのは誰ですか。

やってみよう！

解答解説 ⇒ 別冊 p.28 〜 29

対話と質問を聞き，その答えとして最も適切なものを **1**，**2**，**3**，**4** の中から一つ選びなさい。

(1) **1** Her mother.
　　2 Her father.
　　3 Her aunt.
　　4 Her uncle.

(2) **1** Return a book.
　　2 Borrow a book.
　　3 Buy a book.
　　4 Write a book.

(3) **1** Jake.
　　2 Diana.
　　3 Jake's mother.
　　4 Diana's mother.

(4) **1** Kevin's.
　　2 Lisa's.
　　3 Tim's.
　　4 Meg's.

(1)	(2)	(3)	(4)
① ② ③ ④	① ② ③ ④	① ② ③ ④	① ② ③ ④

選択肢を参考に会話の流れをつかもう 🎵 26

【リスニング 2】会話の内容一致②

問題用紙の選択肢には，たいてい，人の名前，場所，時間の長さなどの似た言葉がそれぞれ 4 つ並びます。そこから対話の後に問われる Question のヒントがつかめます。解答時間は 10 秒ずつですが，できるだけ次の問題が聞こえてくる前に選択肢に目を通しましょう。対話の中で聞こえた選択肢の語句にはマークをつけるとよいでしょう。

● 選択肢から質問を予測する

出題例 1
○ **1** Last weekend. 先週末。
2 Last month. 先月。
3 Last year. 去年。
● **4** Two years ago. 2 年前に。

> 選択肢に時間が並んでいる → When...?「いつ…？」という質問になると予想して，「時」に集中して聞く。

> 聞こえた選択肢の番号に下線や印をつける。男性を●，女性を○などのようにマークを変えるとよい。

☆：I went to Hokkaido last weekend. ←1 と一致
★：Really? What did you do there?
☆：I went skiing with my family.
★：I went skiing in Hokkaido two years ago, too. ←4 と一致
Question: When did **the boy** go to Hokkaido? 〈正解 **4**〉

> 聞かれているのは男の子について

【訳】☆：先週末に北海道に行ったの。
　　★：本当？ そこで何をしたの？
　　☆：家族とスキーをしに行ったわ。
　　★：僕も 2 年前に北海道にスキーをしに行ったんだ。
　　質問：男の子はいつ北海道に行きましたか。

出題例 2
● **1** Go to Ann's party. アンのパーティーに行く。
2 Go shopping. 買い物に行く。
○ **3** Stay at home. 家にいる。
4 Go to her grandmother's house. 祖母の家に行く。

> 選択肢は動詞から始まっている → What ... do?「何をする？」という質問になると予想し，動詞に集中して聞く。

★：Will you go to Ann's birthday party tomorrow? ←1 と一致
☆：I want to, but I can't.
★：Really? Why not?
☆：My grandma is coming, so I'll stay home. ←3 と一致

> 対話を聞きながら選択肢と同じ動詞が出てきたらにその番号に印をつけよう。

Question: What will **the girl** do tomorrow? 〈正解 **3**〉

> 聞かれているのは女の子について

【訳】★：君は明日アンの誕生日パーティーに行くの？
　　☆：行きたいけれど，行けないの。
　　★：本当に？ どうして行けないの？
　　☆：祖母が来るので，家にいるつもりなの。
　　質問：女の子は明日何をしますか。

やってみよう！

解答解説 ⇒ 別冊 p.29 〜 30

対話と質問を聞き，その答えとして最も適切なものを **1**，**2**，**3**，**4** の中から一つ選びなさい。

🎵 27

(1)　**1**　Thursday.
　　2　Friday.
　　3　Saturday.
　　4　Sunday.

(2)　**1**　The boy's house.
　　2　The station.
　　3　The boy's school.
　　4　The park.

(3)　**1**　Three days.
　　2　A week.
　　3　Ten days.
　　4　A month.

(4)　**1**　Watch videos.
　　2　Study.
　　3　Return books.
　　4　Borrow books.

(1)	(2)	(3)	(4)
① ② ③ ④	① ② ③ ④	① ② ③ ④	① ② ③ ④

【リスニング 3】文の内容一致①

リスニング第3部では，話し手は1人で，内容は**話者自身に関すること**（主語がⅠか we），**ある人物か物に関すること**（主語が**人名**か he / she / it），**店内放送などのお知らせ**（Welcome to ... や Attention, ... などで始まる）が出題されます。

● **選択肢から質問を予測する**

出題例 1
1 His teacher did. 彼の先生が。
2 His classmates did. 彼の同級生たちが。
3 His sister did. 彼の姉 [妹] が。
4 His parents did. 彼の両親が。

> 選択肢が do / does / did や am / is / are で終わっている →主語「〜が」を問われている。Who...?「誰が…?」という質問だと予想しよう。

Last Saturday was Jeremy's 12th birthday. They had a party at home on Sunday. His classmates came, too. He got a CD from his sister and a new bike from his parents.
Question: Who gave Jeremy a bike?

> bike とそれに関係している人物を聞き取ろう。

〈正解 **4**〉

【訳】この前の日曜日はジェレミーの 12 歳の誕生日でした。彼らは日曜日に家でパーティーをしました。彼のクラスメートたちも来ました。彼は姉 [妹] から CD を，両親から新しい自転車をもらいました。
質問：誰がジェレミーに自転車をあげましたか。

選択肢が［主語＋動詞］で主語が共通のときは，Why ...?（理由），What's 〜 's problem?（〜の問題は何か），What do [does] / did 〜 do?（何をする／したか）などの質問が考えられます。

● **選択肢が文の場合**

> 聞き取れた言葉に印をつけながら聞こう。

出題例 2
1 He is not ready **for school.** 彼は学校に行く準備ができていない。
2 He is very tired. 彼はとても疲れている。
3 He doesn't like math. 彼は数学が好きではない。
4 He can't find his textbook. 彼は教科書を見つけることができない。

> 選択肢を見ると，He「彼は」に続く文が全て異なっていて，内容はどれも良い状態ではなさそうである。つまり problem「問題・困ったこと」が起きている，と考える。

It's 8 o'clock in the morning. I have to leave for school now, but I'm not ready yet. I can't find my math textbook. I really need it today.
Question: What is the boy's **problem**?

〈正解 **1**〉

【訳】朝の 8 時です。今，僕は学校に行かなければならないのですが，まだ準備ができていません。僕は数学の教科書を見つけられないのです。今日それが本当に必要です。
質問：男の子の問題は何ですか。

やってみよう!

解答解説 ➡ 別冊 p.30 ～ 31

対話と質問を聞き，その答えとして最も適切なものを **1**，**2**，**3**，**4** の中から一つ選びなさい。

🎵 29

(1) **1** Eri did.
　　2 Eri's mother did.
　　3 James did.
　　4 James' mother did.

(2) **1** The boy's uncle did.
　　2 The boy's mother did.
　　3 The boy's sister did.
　　4 The boy's father did.

(3) **1** He had a cold.
　　2 He was tired.
　　3 He was not hungry.
　　4 He didn't like fish.

(4) **1** She slept too much.
　　2 She was late for school.
　　3 She didn't study hard.
　　4 She didn't sleep well.

(1)	(2)	(3)	(4)
① ② ③ ④	① ② ③ ④	① ② ③ ④	① ② ③ ④

合格 LESSON 25 動詞に注意して 説明文を聞き取ろう

🎵 30

【リスニング3】文の内容一致②

リスニング第3部の話の内容は，現在のこと・過去のこと・未来のことと様々です。それに応じて動詞の形が変わることに注意しましょう。ある人物の現在の話なら，動詞に -s/-es がつきます。**未来の話ならば，be going to / will が使われます。**特に過去は動詞の形が大きく変化するので要注意です。**過去形を確認しておきましょう**（p. 111）。

●動詞の変化に気を付ける

質問は Who...?「誰（が）…?」だと予想する。

出題例1
1 Her sister. 彼女の姉[妹]。
2 Her host mother. ホームステイ先のお母さん。
3 Her parents. 彼女の両親。
4 Her brother. 彼女の兄[弟]。

過去の話だと分かったら，文中の全ての動詞の音に注意しよう。

<u>Last summer</u> I did a homestay in Canada. One day, I went to the shopping mall with my host mother. I bought some chocolate for my brother. I also got some cookies for my parents.

Question の動詞は原形になることが多いので注意。

Question: Who did the girl go to the shopping mall with?　〈正解 **2**〉

【訳】去年の夏私はカナダでホームステイをしました。ある日，私はホームステイ先のお母さんとショッピングモールに行きました。私は弟にいくらかのチョコレートを買いました。私はまたいくつかのクッキーを両親に買いました。
質問：誰が女の子と一緒にショッピングモールに行きましたか。

同じ内容でも文中と Question で違う動詞が使われることがよくあります。

●言い換えに注意する

質問は What ...?「何…?」だと予想する。

出題例2
1 Bacon and eggs. ベーコンと卵。
2 Toast. トースト。
3 Sandwiches. サンドイッチ。
4 A cup of coffee. 1杯のコーヒー。

いつものことは3人称単数現在形の -s/-es，今朝のことは過去形で語られていることに注意。

Brian gets up early and makes his own breakfast. He usually cooks bacon and eggs and toast. But this morning, he didn't have time, so he bought some sandwiches and ate them in his office.

本文中での ate (eat) が Question では have に言い換えられている。

Question: What did Brian have for breakfast today?　〈正解 **3**〉

【訳】ブライアンは早く起きて自分の朝食を作ります。彼はいつもベーコンエッグとトーストを作ります。しかし今朝，彼は時間がなかったので，サンドイッチを買ってオフィスでそれらを食べました。
質問：ブライアンは今日朝食に何を食べましたか。

やってみよう！

解答解説 ➡ 別冊 p.31 〜 32

対話と質問を聞き，その答えとして最も適切なものを **1**，**2**，**3**，**4** の中から一つ選びなさい。

🎵 31

(1) **1** On Wednesday.
    2 On Thursday.
    3 On Friday.
    4 On Saturday.

(2) **1** Science.
    2 Math.
    3 History.
    4 English.

(3) **1** On Sunday.
    2 On Monday.
    3 On Tuesday.
    4 On Wednesday.

(4) **1** At a restaurant.
    2 At home.
    3 At a concert hall.
    4 At her office.

(1)	(2)	(3)	(4)
① ② ③ ④	① ② ③ ④	① ② ③ ④	① ② ③ ④

単熟語

文法

会話表現

文の組み立て

長文読解

リスニング

話題を把握しよう

【リスニング 3】文の内容一致③

選択肢に一貫性がなく，バラバラに見えるときがあります。His か Her で始まっていることが多いのですが，その後の言葉に共通点がない，そんなときは本文全体の話題が問われると予測します。一つひとつの細かい言葉よりも，大まかな内容をつかみましょう。

● **話題をつかむ**

選択肢がバラバラなときは，Question が What is the ☐☐☐☐ talking about?「☐☐☐☐ は何について話していますか」になると予想し，全体的な話題をつかむ。☐☐☐☐ には man / woman / boy / girl のどれかが入る。

出題例

1 Her family. 彼女の家族。　　**2** Her soccer team. 彼女のサッカーチーム。
3 Her new friend. 彼女の新しい友人。　**4** Her pet. 彼女のペット。

Last month, Judy and her family moved into the house next to my house.　They are from Australia.　Judy is very nice and cute.　We are good friends now.

Question: What is the girl talking about?　　　　〈正解 **3**〉

【訳】先月，ジュディと彼女の家族が私の家の隣の家に引っ越してきました。彼らはオーストラリア出身です。ジュディはとてもすてきでかわいいです。私たちは今では良い友人です。
　質問：女の子は何について話していますか。

店内放送などのお知らせ(Welcome to ... や Attention, ... などで始まる)の場合，<u>内容について問われることもありますが，場所や場面を聞かれることもよくあります。</u>

● **場面を把握する**

出題例　**1** At a restaurant. レストランで。
　　　　2 At a post office. 郵便局で。
　　　　3 At a train station. 電車の駅で。
　　　　4 At a supermarket. スーパーマーケットで。

選択肢に場所が並んでいるので Where ...?「どこで…?」という質問だと予想できるが，店内放送などでは，その場所を表す語句は使われないことも多い。本文中のヒントを聞き逃さないようにしよう。

Welcome to New Seasons.　We are having evening sales in the fruits and vegetables section now.　Today you can buy strawberries and tomatoes at special prices.

Question: Where is the man talking?　　〈正解 **4**〉

【訳】ニュー・シーズンズへようこそ。当店は今，果物と野菜の売り場で夕方のセールを行っております。本日はイチゴとトマトを特別価格でお買い求めいただけます。
　質問：男性はどこで話していますか。

リスニング第 2 部でも選択肢がバラバラなときは話題を問われます。その場合の Question は話し手が 2 人なので What are they talking about?「彼らは何について話していますか」や，Where are they talking?「彼らはどこで話していますか」となります。

やってみよう!

解答解説 ➡ 別冊 p.33 〜 34

対話と質問を聞き，その答えとして最も適切なものを **1**，**2**，**3**，**4** の中から一つ選びなさい。

🎵 33

(1) **1** His favorite writer.
 2 His brother.
 3 A coffee shop.
 4 A movie theater.

(2) **1** Her cookie.
 2 Her parents.
 3 Her cooking.
 4 Her summer vacation.

(3) **1** At a train station.
 2 At a police station.
 3 At a park.
 4 At an airport.

(4) **1** At a hospital.
 2 At a library.
 3 At a supermarket.
 4 At a school.

(1)	(2)	(3)	(4)
① ② ③ ④	① ② ③ ④	① ② ③ ④	① ② ③ ④

対話と質問を聞き，その答えとして最も適切なものを **1**，**2**，**3**，**4** の中から一つ選びなさい。

(1)　**1**　Jim did.
　　2　Jim's mother did.
　　3　Amy did.
　　4　Amy's mother did.

(2)　**1**　At school.
　　2　At home.
　　3　At the station.
　　4　At Mark's home.

(3)　**1**　Return some books.
　　2　Go to school.
　　3　Buy some magazines.
　　4　Study at the library.

(4)　**1**　Yesterday.
　　2　Today.
　　3　Last Sunday.
　　4　Last Tuesday.

(1)	(2)	(3)	(4)
① ② ③ ④	① ② ③ ④	① ② ③ ④	① ② ③ ④
ここを見直し！ Lesson 22	Lesson 23	Lesson 22	Lesson 23

英文と質問を聞き，その答えとして最も適切なものを **1**，**2**，**3**，**4** の中から一つ選びなさい。

(5) **1** Sarah's brother did.
   2 The boy's brother did.
   3 Sarah's mother did.
   4 The boy's mother did.

(6) **1** She couldn't make any sandwiches.
   2 She forgot her sandwiches.
   3 David didn't make any sandwiches.
   4 David didn't like her sandwiches.

(7) **1** By bus.
   2 By train.
   3 By bike.
   4 On foot.

(8) **1** At a library.
   2 At a store.
   3 At a restaurant.
   4 At a school.

(5)	(6)	(7)	(8)
① ② ③ ④	① ② ③ ④	① ② ③ ④	① ② ③ ④
Lesson 24	Lesson 25	Lesson 26	Lesson 26

スピーキングテスト対策

🎵 36 ～ 🎵 37

4級のスピーキングテストでは，画面上に英文（パッセージ）とイラストが表示され，音読と4つの質問への回答が求められます。ここでは，スピーキングテストの形式を確認しましょう。

🕐 試験時間　約4分

Sally's future

Sally likes reading very much. Every Sunday, she visits a library and borrows a lot of books. She wants to be a writer in the future.

※上の英文とイラストが受験者に画面上で提示される情報です。質問は画面には表示されません。

Questions

No. 1　Please look at the passage. What does she do on Sundays?

No. 2　What does she want to be in the future?

No. 3　Please look at the picture. What is the boy doing?

No. 4　Do you like to read books?

　　　　　Yes. → What kind of books do you like?
　　　　　No. → What do you usually do on Sundays?

解答と解説

英文の訳 　　　　　　　　　　　**サリーの将来**

　サリーは読書がとても好きです。毎週日曜日，彼女は図書館を訪れ，たくさんの本を借ります。彼女は将来作家になりたいと思っています。

音読　　　　　　　　　　POINT タイトルも忘れずに読もう

速く読む必要はない。意味のまとまりごとに区切って発音やアクセントに注意しながらていねいに読む。分からない言葉があってもあわてずに，文字から発音を想像して読み進めよう。

No.1 英文の内容に関する質問 ①　　　POINT 表示された英文から答えを探そう

質問の訳　パッセージ（英文）を見てください。彼女は日曜日に何をしますか。

解答例　**She visits a library and borrows a lot of books.**

解答例の訳　彼女は図書館を訪れ，たくさんの本を借ります。

解説　What do[does] ～ do? は「～は何をしますか」という意味。ここでは「サリーが日曜日に何をするのか」を聞かれている。2文目に Every Sunday, she visits a library and borrows a lot of books.「毎週日曜日，彼女は図書館を訪れ，たくさんの本を借ります」とあるので，この部分を使って答えるとよい。

No.2 英文の内容に関する質問 ②　　　POINT 表示された英文から答えを探そう

質問の訳　彼女は将来何になりたいですか。

解答例　**She wants to be a writer.**

解答例の訳　彼女は作家になりたいと思っています。

解説　What do[does] ～ to be? は「～は何になりたいですか」という意味。ここでは「サリーが将来何になりたいか」を聞かれている。3文目に She wants to be a writer in the future.「彼女は将来作家になりたいと思っています」とあるので，この部分を使って答えるとよい。

No.3 イラストに関する質問　　　POINT イラストを見て答えを探そう

質問の訳　イラストを見てください。その少年は何をしていますか。

解答例　**He is using a computer.**

解答例の訳　彼はコンピューターを使っています。

解説　What is ～ doing? は「～は何をしていますか」という意味。ここでは the boy「少年」

が何をしているのかを聞かれている。イラストを見ると，少年はコンピューターを使っていることが分かる。質問が現在進行形なので，質問に合わせて現在進行形を使って答えることに注意しよう。

No.4 受験者自身に関する質問　☆POINT 表示された英文から答えを探そう

質問の訳 あなたは本を読むのが好きですか。
はい。→どんな本が好きですか。
いいえ。→いつも日曜日には何をしますか。

Yes. (はい) と答えた場合

解答例 **I like history books.**

解答例の訳 私は歴史の本が好きです。

No. (いいえ) と答えた場合

解答例 **I play baseball with my friends.**

解答例の訳 私は友人たちと野球をします。

解説 4つ目の質問では，受験者自身のことについて聞かれる。ここでは Do you like to read books?「あなたは本を読むのが好きですか」という質問なので，「はい」なら Yes.「いいえ」なら No. と答える。「はい」と答えた場合，続けて What kind of books do you like?「どんな本が好きですか」のようにさらに詳しい情報を求められる。解答例では history books「歴史の本」と答えているが，自分の好きな本の種類を答えればよい。答えが「いいえ」の場合は，英文の内容に関連した別の質問になる。ここでは「いつも日曜日には何をしますか」と聞かれている。解答例の I play baseball with my friends.「友人たちと野球をします」のように，自分がいつも日曜日にすることを考えて答えよう。

そっくり模試

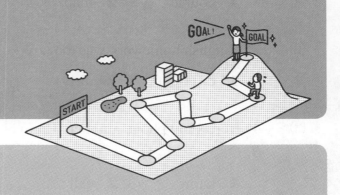

ここからは英検4級の模擬試験になります。問題形式や問題数は，本番の試験そっくりになっていますので，本番のつもりで制限時間内にやってみましょう。

また，模試はオンラインマークシートで自動採点できる採点・見直し学習アプリ「学びの友」(p.9参照) に対応していますので，そちらを利用して解くこともできます。

本番前の実力チェックに役立ててください。

手書き解答用紙を利用する

巻末の解答用紙を切り離してお使いください。

「学びの友」を利用する

右の二次元コードからアクセスしてください。

※筆記1〜4，リスニングの自動採点ができます。

※PCからも利用できます (p.9参照)。

次の (1) から (15) までの (　　　　) に入れるのに最も適切なものを **1**, **2**, **3**, **4** の中から一つ選び, その番号のマーク欄をぬりつぶしなさい。

(1) Paul's office is on the third (　　　　) of ABC building.

    1 course   **2** map   **3** floor   **4** world

(2) My English homework was too (　　　　), so my brother helped me last night.

    1 different   **2** dirty   **3** dark   **4** difficult

(3) *A:* Here's my phone number. Can you (　　　　) me tomorrow afternoon?
B: OK.

    1 know   **2** call   **3** move   **4** carry

(4) Takako has two tickets for tonight's baseball game. She will go to the (　　　　) with her father.

    1 stadium   **2** airport   **3** museum   **4** farm

(5) *A:* Do you have any plans for spring (　　　　)?
B: I'll go to Okinawa with my family.

    1 vacation   **2** culture   **3** practice   **4** weather

(6) The Internet is very (　　　　). We can get information at home.

    1 high   **2** quiet   **3** angry   **4** useful

(7) *A:* Patty, it's snowing a lot now. Drive (　　　　), please.
B: Sure, Mom.

    1 easily   **2** slowly   **3** happily   **4** usually

(8) *A:* How was your home stay in Australia?
B: Wonderful. Mrs. White was very kind (　　　　) me.

    1 back   **2** for   **3** over   **4** to

(9)　I love this movie. I watched it again (　　　) again.

    1　under　　　　**2**　and　　　　**3**　at　　　　**4**　with

(10)　My grandfather gets up early. He (　　　) a walk in the park every morning.

    1　makes　　　　**2**　gets　　　　**3**　does　　　　**4**　takes

(11)　*A:* Hello, Mr. Brown. Nice to meet you. Please have a (　　　).
    B: Thank you.

    1　chair　　　　**2**　step　　　　**3**　seat　　　　**4**　part

(12)　I visited many cities in Hokkaido last summer. (　　　) example, I went to Sapporo and Hakodate.

    1　For　　　　**2**　From　　　　**3**　On　　　　**4**　By

(13)　I saw Mike in the library after school. He (　　　) studying there.

    1　is　　　　**2**　am　　　　**3**　was　　　　**4**　were

(14)　*A:* (　　　) kind of music do you like, Hana?
    B: I like pop music.

    1　How　　　　**2**　What　　　　**3**　Where　　　　**4**　When

(15)　This morning it was sunny, but it started (　　　) an hour ago.

    1　rain　　　　**2**　rains　　　　**3**　raining　　　　**4**　rained

次の (16) から (20) までの会話について，(　　　) に入れるのに最も適切なものを **1**，**2**，**3**，**4** の中から一つ選び，その番号のマーク欄をぬりつぶしなさい。

---

(16) ***Woman:*** This bag is very heavy. Would you carry it for me?

    Man: Sure, (　　　)

Woman: Thank you for your help.

1 that's great.   **2** you're welcome.

3 good luck.   **4** no problem.

(17)   ***Sister:*** You look tired. How long did you sleep last night?

Brother: (　　　) I studied until 2:00 a.m.

1 It's eight dollars.   **2** Every night.

3 About four hours.   **4** I can sleep very well.

(18) ***Girl 1:*** I can't wait for the Christmas party! (　　　)

Girl 2: A new pink shirt. My dad bought it for me.

1 What are you going to wear?   **2** Where shall we meet?

3 Who is coming to the party?   **4** When did you buy the dress?

(19)   ***Son:*** I'm hungry. What's for dinner tonight, Mom?

Mother: (　　　)

    Son: Great! That's my favorite.

1 With your grandparents.   **2** I'll make lunch, too.

3 We'll have chicken.   **4** Let's eat at 7:00.

(20)   ***Man:*** Hi, this is Fred. Can you talk now?

Woman: Sorry, (　　　) I'll call you back later.

1 this is Anne speaking.   **2** I'm on the train now.

3 you're so busy.   **4** you have the wrong number.

3 次の (21) から (25) までの日本文の意味を表すように①から⑤までを並べかえて □ の中に入れなさい。そして，2番目と4番目にくるものの最も適切な組み合わせを **1**，**2**，**3**，**4** の中から一つ選び，その番号のマーク欄をぬりつぶしなさい。※ただし，（　）の中では，文のはじめにくる語も小文字になっています。

---

(21) あなたは絵を描くのが得意ですか。

(① at ② painting ③ you ④ pictures ⑤ good)

Are ☐ ☐(2番目) ☐ ☐(4番目) ☐ ?

1 ⑤ - ②　　　**2** ② - ④　　　**3** ⑤ - ①　　　**4** ④ - ③

---

(22) ジェーンは水泳部のメンバーです。

(① the swimming ② of ③ club ④ a member ⑤ is)

Jane ☐ ☐(2番目) ☐ ☐(4番目) ☐ .

1 ② - ③　　　**2** ② - ④　　　**3** ④ - ①　　　**4** ④ - ②

---

(23) 昨日，純子はバスの中に傘を置き忘れてしまいました。

(① the bus ② her umbrella ③ on ④ left ⑤ yesterday)

Junko ☐ ☐(2番目) ☐ ☐(4番目) ☐ .

1 ② - ③　　　**2** ④ - ①　　　**3** ② - ①　　　**4** ④ - ③

---

(24) ジャックは私の父と同じくらい背が高いです。

(① is ② as ③ as tall ④ my ⑤ Jack)

☐ ☐(2番目) ☐ ☐(4番目) ☐ father.

1 ① - ②　　　**2** ② - ④　　　**3** ③ - ①　　　**4** ③ - ②

---

(25) 私の姉は英語とフランス語の両方を話すことができます。

(① English ② speak ③ both ④ can ⑤ and)

My sister ☐ ☐(2番目) ☐ ☐(4番目) ☐ French.

1 ② - ④　　　**2** ② - ①　　　**3** ④ - ⑤　　　**4** ④ - ③

次の掲示の内容に関して，(26) と (27) の質問に対する答えとして最も適切なもの，または文を完成させるのに最も適切なものを **1**，**2**，**3**，**4** の中から一つ選び，その番号のマーク欄をぬりつぶしなさい。

Our Class Newsletter

This Month's School Event
See and touch many kinds of animals!

Date: Friday, September 20
Time: 1 p.m. to 3 p.m.
Place: Schoolyard

Hamsters, rabbits, and a pony will visit our school! You can bring your family and give vegetables to the animals together. It'll be fun.
After the event, don't forget to wash your hands!

(26) What time does the event start?

1 At 1 p.m.
2 At 2 p.m.
3 At 3 p.m.
4 At 4 p.m.

(27) After the event, you should

1 give food to the animals.
2 grow vegetables.
3 wash your hands.
4 touch many animals.

次のEメールの内容に関して，(28) から (30) までの質問に対する答えとして最も適切なもの，または文を完成させるのに最も適切なものを **1**，**2**，**3**，**4** の中から一つ選び，その番号のマーク欄をぬりつぶしなさい。

From: Michael Jefferson
To: Julia Cruise
Date: June 26
Subject: Musical

- -

Hi Julia,
I got two tickets to the musical. Are you free this Friday? The theater is next to the shopping center on Fifth Street. Let's meet at 4:30 p.m. in front of the theater. We can have dinner with my family after the musical. I hope you can come.
Mike

From: Julia Cruise
To: Michael Jefferson
Date: June 26
Subject: I'd love to!

- -

Hi Mike,
Thanks! I really want to see the musical! I have a soccer match at school at 1 p.m., but I can go to the theater by 4:30 p.m. After the musical, I will visit my grandparents with my mother, so I can't join you for dinner. I'm sorry.
See you on Friday!
Julia

---

(28) Where is the theater?

1 In the shopping center. **2** On Fifth Street.
3 Next to the school. **4** Near Julia's house.

---

(29) What time will Mike and Julia meet?

1 At 1:00 p.m. **2** At 1:30 p.m.
3 At 4:00 p.m. **4** At 4:30 p.m.

---

(30) After the musical, Julia will

1 visit her grandparents. **2** have dinner with Mike's family.
3 play in a soccer match. **4** go home with her mother.

次の英文の内容に関して，(31) から (35) までの質問に対する答えとして最も適切なもの，
または文を完成させるのに最も適切なものを **1**，**2**，**3**，**4** の中から一つ選び，その番号
のマーク欄をぬりつぶしなさい。

Summer Camp

Lisa loves mountains. She usually goes camping with her family, but last month, she went camping at Mt. Takao with her teacher and friends. It was a school trip, so she had to take a raincoat and a sketchbook. But she didn't have a sketchbook.

One afternoon, Lisa and her mother went to the supermarket. A man said, "May I help you?" "Are there any sketchbooks?" Lisa asked. "Sorry, we don't. But you can buy them at the department store near the station," answered the man. Lisa and her mother went to the department store and bought a sketchbook there.

Lisa and her class went to Mt. Takao by bus. After they arrived, Lisa drew some pictures of flowers in her sketchbook. There was a store on Mt. Takao, so she bought a postcard there and sent it to her family. She also bought some cookies. She enjoyed camping there. She wants to visit Mt. Takao again with her family next summer.

(31) What did Lisa do last month?

1 She visited the zoo.

2 She visited her friend's house.

3 She went on a school trip.

4 She went to Mt. Takao with her family.

(32) Why did Lisa and her mother go to the department store?

1 They wanted to get a raincoat.

2 They wanted to eat some cookies.

3 They had to see her friends.

4 They had to buy a sketchbook.

(33) How did Lisa and her class go to Mt. Takao?

1 By bus.

2 By train.

3 In Lisa's mother's car.

4 In their teacher's car.

(34) Where did Lisa buy a postcard?

1 At the supermarket.

2 At the department store.

3 At a store on Mt. Takao.

4 At a store near the station.

(35) Next summer, Lisa wants to

1 go to the department store with her friends.

2 buy beautiful flowers for her mother.

3 go to Mt.Takao with her family.

4 send a postcard to her teacher.

Listening Test

４級リスニングテストについて

❶ このテストには，第１部から第３部まであります。
　★英文は二度放送されます。

第１部	イラストを参考にしながら対話と応答を聞き，最も適切な応答を **1**，**2**，**3** の中から一つ選びなさい。
第２部	対話と質問を聞き，その答えとして最も適切なものを **1**，**2**，**3**，**4** の中から一つ選びなさい。
第３部	英文と質問を聞き，その答えとして最も適切なものを **1**，**2**，**3**，**4** の中から一つ選びなさい。

❷ No. 30 のあと，10秒すると試験終了の合図がありますので，筆記用具を置いてください。

第１部　　🎵 38 ～ 🎵 48

例題

No. 1

No. 2

No. 3

No. 4

No. 5

No. 6

No. 7

No. 8

No. 9

No. 10

No. 11

1 Nancy's.
2 Takashi's.
3 Minako's.
4 Their teacher's.

No. 12

1 Hot milk.
2 Hot chocolate.
3 Hot tea.
4 Hot coffee.

No. 13

1 He did well on his test.
2 He studied for three hours.
3 He finished his homework.
4 He liked his class a lot.

No. 14

1 To a zoo.
2 To a train station.
3 To a movie theater.
4 To a museum.

No. 15

1 At a stadium.
2 At a train station.
3 At a hospital.
4 At an airport.

No. 16

1 Help his mother.
2 Eat some cookies.
3 Wash his hands.
4 Finish his homework.

No. 17

1 For three minutes.
2 For five minutes.
3 For seven minutes.
4 For nine minutes.

No. 18

1 At 9 a.m.
2 At 10 a.m.
3 At 9 p.m.
4 At 10 p.m.

No. 19

1 He doesn't feel good.
2 He took too much medicine.
3 He can't go to school.
4 He can't see a doctor.

No. 20

1 Their grandparents.
2 Their school trip.
3 Their weekend.
4 Their school clubs.

No. 21

1 A new teacher did.
2 A new student did.
3 A new friend did.
4 A new classmate did.

No. 22

1 On Sundays.
2 On Mondays.
3 On Tuesdays.
4 On Wednesdays.

No. 23

1 10.
2 15.
3 20.
4 50.

No. 24

1 A book.
2 A computer.
3 A video game.
4 A DVD.

No. 25

1 She bought a dress.
2 She used her mother's dress.
3 Her mother made a dress for her.
4 Her mother bought a dress for her.

No. 26

1 A speech contest.
2 A school concert.
3 The spring vacation.
4 A basketball game.

No. 27

1 They lived near the stadium.
2 They wanted to see his friend.
3 They got some tickets.
4 They played rugby.

No. 28

1 Her bag.
2 Her cap.
3 Her water bottle.
4 Her tennis racket.

No. 29

1 A red T-shirt.
2 A yellow T-shirt.
3 A blue T-shirt.
4 Nothing.

No. 30

1 At 5:15.
2 At 5:30.
3 At 6:00.
4 At 6:15.

自己診断チャート

巻末で解いた「そっくり模試」の結果について，次のチャートに，自分の問題ごとの正解数を記入し，チャートを完成させましょう。

赤い枠が合格ラインです。合格ラインに届かなかった問題は，レッスンに戻って復習し，本番までに弱点を克服しましょう。

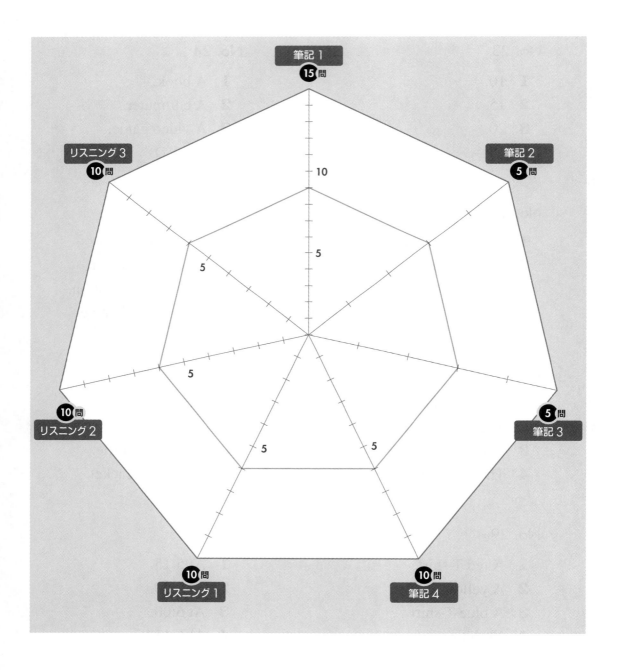

動詞の不規則変化の一覧表

4級でよく出る動詞の3人称単数現在の形と過去形を覚えておきましょう。

原形		3人称単数現在	過去形
be	～である，～にいる	is	was / were
become	～になる	becomes	became
begin	～を始める	begins	began
bring	～を持ってくる	brings	brought
buy	～を買う	buys	bought
come	来る	comes	came
do	～をする	does	did
drink	～を飲む	drinks	drank
eat	～を食べる	eats	ate
get	～を手に入れる	gets	got
give	～を与える	gives	gave
go	行く	goes	went
have	～を持つ	has	had
leave	～を去る	leaves	left
make	～を作る	makes	made
meet	～に会う	meets	met
read	～を読む	reads	read
run	走る	runs	ran
say	～を言う	says	said
see	～を見る	sees	saw
speak	話す	speaks	spoke
take	～を取る	takes	took
teach	～を教える	teaches	taught
tell	～を話す	tells	told
think	～と思う	thinks	thought
write	～を書く	writes	wrote

形容詞・副詞の比較変化一覧表

4級でよく出る形容詞や副詞の比較級・最上級の形を覚えておきましょう。

原級		比較級（より〜）	最上級（最も〜）
bad	悪い	worse	worst
beautiful	美しい	more beautiful	most beautiful
big	大きい	bigger	biggest
busy	忙しい	busier	busiest
cold	寒い，冷たい	colder	coldest
deep	深い	deeper	deepest
difficult	難しい	more difficult	most difficult
early	早い，早く	earlier	earliest
easy	簡単な	easier	easiest
famous	有名な	more famous	most famous
fast	速い，速く	faster	fastest
few	少ない	fewer	fewest
good	良い	better	best
happy	幸せな	happier	happiest
high	高い，高く	higher	highest
hot	暑い	hotter	hottest
long	長い	longer	longest
many	たくさんの	more	most
much	たくさんの	more	most
new	新しい	newer	newest
old	古い，年老いた	older	oldest
popular	人気のある	more popular	most popular
small	小さい	smaller	smallest
tall	背の高い	taller	tallest
useful	役に立つ	more useful	most useful
well	上手に，よく	better	best

英検では，試験が始まる前に，解答用紙（マークシート）に名前や個人番号を記入します。
試験の前に，下のシートを使って書き方をマスターしておきましょう。

❷ 個人番号
『一次受験票』の「個人番号」7桁をマークします。番号の記入も忘れずに。

以下の注意事項をよく読んでからマークしてください。

◎受験地番号・個人番号・生年月日は上段に数字で記入し，マーク欄を正確にぬりつぶしてください。

◎生年月日は，1ケタの場合は01，06のように頭に0をつけてください。個人番号，生年月日の記入がない場合や不正確な記入は答案が無効になることもあります。

❶ 受験地番号
試験の前に協会から届いている『一次受験票』の「受験地番号」4ケタをマークします。マーク欄の上に番号の記入も忘れずに。

受験地番号	個 人 番 号	生 年 月 日（西暦）

❸ 生年月日
あなたの生まれた日をマークしましょう。
2010年4月25日なら「20100425」と順にマークします。

❹ 氏名
「ひらがな」の欄：「氏」の欄には名字を，「名」の欄には名前をひらがなで書きましょう。
（外国人名の方は「氏」も「名」もアルファベットの大文字で書きましょう）
「漢字」の欄：漢字が書けない場合は書かなくてもよいです。

＊外国人名はひらがな欄にアルファベット〈大文字〉で記入

ひらがな	（氏）	（名）
漢字	（氏）	（名）

電話番号 （下4桁を記入）　年齢　　歳

❻ 年齢
あなたの年を記入しましょう。

受験会場名

❺ 電話番号
あなたの家の電話番号の下4桁を記入しましょう。

❼ 受験会場名
試験を受ける会場の名前を記入しましょう。会場名は『一次受験票』の「試験会場」の欄に書かれています。

出典：英検ウェブサイト

中学生のための英検合格レッスン **4級** **そっくり模試　解答用紙**

【注意事項】

① 解答にはＨＢの黒鉛筆（シャープペンシルも可）を使用し，解答を訂正する場合には消しゴムで完全に消してください。

② 解答用紙は絶対に汚したり折り曲げたり，所定以外のところへの記入はしないでください。

③ マーク例

良い例	悪い例
●	⊙ ⊗ ◓

これ以下の濃さのマークは読めません。

解答欄					
問題番号		1	2	3	4
1	(1)	①	②	③	④
	(2)	①	②	③	④
	(3)	①	②	③	④
	(4)	①	②	③	④
	(5)	①	②	③	④
	(6)	①	②	③	④
	(7)	①	②	③	④
	(8)	①	②	③	④
	(9)	①	②	③	④
	(10)	①	②	③	④
	(11)	①	②	③	④
	(12)	①	②	③	④
	(13)	①	②	③	④
	(14)	①	②	③	④
	(15)	①	②	③	④

解答欄					
問題番号		1	2	3	4
2	(16)	①	②	③	④
	(17)	①	②	③	④
	(18)	①	②	③	④
	(19)	①	②	③	④
	(20)	①	②	③	④
3	(21)	①	②	③	④
	(22)	①	②	③	④
	(23)	①	②	③	④
	(24)	①	②	③	④
	(25)	①	②	③	④
4	(26)	①	②	③	④
	(27)	①	②	③	④
	(28)	①	②	③	④
	(29)	①	②	③	④
	(30)	①	②	③	④
	(31)	①	②	③	④
	(32)	①	②	③	④
	(33)	①	②	③	④
	(34)	①	②	③	④
	(35)	①	②	③	④

リスニング解答欄					
問題番号		1	2	3	4
第1部	例題	①	②	●	
	No.1	①	②	③	
	No.2	①	②	③	
	No.3	①	②	③	
	No.4	①	②	③	
	No.5	①	②	③	
	No.6	①	②	③	
	No.7	①	②	③	
	No.8	①	②	③	
	No.9	①	②	③	
	No.10	①	②	③	
第2部	No.11	①	②	③	④
	No.12	①	②	③	④
	No.13	①	②	③	④
	No.14	①	②	③	④
	No.15	①	②	③	④
	No.16	①	②	③	④
	No.17	①	②	③	④
	No.18	①	②	③	④
	No.19	①	②	③	④
	No.20	①	②	③	④
第3部	No.21	①	②	③	④
	No.22	①	②	③	④
	No.23	①	②	③	④
	No.24	①	②	③	④
	No.25	①	②	③	④
	No.26	①	②	③	④
	No.27	①	②	③	④
	No.28	①	②	③	④
	No.29	①	②	③	④
	No.30	①	②	③	④

※実際の解答用紙に似せていますが，デザイン・サイズは異なります。

文部科学省後援

中学生のための

英検®4級

合格レッスン

[改訂版]

解答と解説

旺文社

解答解説 もくじ

やってみよう！

(1) 解答 **4**

「何人かの**学生**が図書館でレポートを書いていました」

解説 空所の前に Some「いくつかの」，空所の後ろに were writing reports「レポートを書いていた」とあるので，この文の主語になる言葉を選択肢から選ぶ。「書く」の主語になり，reports と意味的につながるのは **4**。

1 schools「学校」，**2** dreams「夢」，**3** presents「プレゼント」

(2) 解答 **3**

「スズキ先生は，中学校の数学の先生です。彼の**授業**はとても楽しいです」

解説 空所の前が His「彼の」，空所の後ろが are a lot of fun「とても楽しい」なので，スズキ先生の何が楽しいのかを考える。classes「授業」を選ぶと文が自然につながる。math は「数学」という意味。

1 farms「農場」，**2** maps「地図」，**4** parts「部分」

(3) 解答 **3**

A:「昨日のスピーチ**コンテスト**で優勝したんだ！」

B:「わあ！ 何について話したの？」

解説 A の発言の冒頭で I won「優勝した」とあり，空所の前を見ると the speech「スピーチ（の）」なので，空所に入るのは何かを考える。contest「コンテスト」を選ぶと意味がつながる。won は win の過去形。

1 cake「ケーキ」，**2** park「公園」，**4** way「道，方法」

(4) 解答 **4**

A:「ピアノコンサートの**チケット**を 2 枚手に入れたんだ。一緒に来ない？」

B:「もちろん。どうもありがとう」

解説 Do you want to come with me? は「一緒に来ませんか」と誘う表現。A が何かを手に入れて B をコンサートに誘っている状況だと読み取れれば，答えが推測できる。ticket「チケット」の複数形の tickets が正解。

1 prices「価格」，**2** dramas「劇」，**3** practices「練習」

(5) 解答 **3**

A:「今週末は何か**予定**があるの？」

B:「家で映画かテレビ番組を見るつもりだよ」

解説 A は今週末について Do you have ～ ?「何か持っている［ある］か」と B に聞いている。これに対して，B は「映画やテレビ番組を見るつもり」と言っていることから，plans「予定」について聞いていると分かるので **3** が正解。

1 sales「販売」，**2** floors「床，階」，**4** drinks「飲み物」

やってみよう！

(1) 解答 **4**

「シンディは彼女の部屋の**壁**にたくさんのテニス選手のポスターを貼っています」

解説 空所の前を読むと Cindy has many posters ... on the「シンディは…たくさんのポスターを～に貼っている」と述べられている。walls「壁」を選ぶと on the walls「壁に」となり意味が通る。空所の後ろの of her room「彼女の部屋の」とも自然につながる。

1 sizes「サイズ」，**2** footballs「サッカーボール」，**3** jobs「仕事」

(2) 解答 **3**

A:「**庭**を見てください。たくさんの草花が見えますよ」

B:「ええ。それらはとてもきれいですね」

解説 Look at ～ . で「～を見てください」という意味。A は空所のある文に続けて，We can see a lot of plants.「たくさんの草花が見えますよ」と言っているので，草花があるところはどこか考える。garden「庭」が正解。

1 blackboard「黒板」，**2** stone「石」，**4** cousin「いとこ」

(3) 解答 **3**

「世界**地図**を見てみましょう。私たちの国はどこでしょうか」

解説 1つ目の文であるものを look at「見る」ようにうながし，続けて「私たちの国はどこか」と尋ねている。空所に map「地図」を入れて world map「世界地図」とする。
1 uniform「制服」，**2** picnic「ピクニック」，**4** hometown「故郷」

(4) 解答 **1**

「昨日，私は何枚かの切手が必要でした。**郵便局**に行きましたが，閉まっていました」

解説 最初の文から，「昨日，切手（stamps）が必要だった」ということを読み取ろう。I went to「私は〜に行った」と続いているので，「切手」が必要なときに行く場所はどこかを考えると post office「郵便局」が正解だと分かる。
2 gym「体育館」，**3** park「公園」，**4** hospital「病院」

(5) 解答 **3**

A:「あなたは駅の近くの新しい**レストラン**に行ってみましたか」
B:「はい。そこの食べ物はとてもおいしいです」

解説 try は「〜を試す」という意味。Did you try 〜? で「〜に行ってみましたか」を表す。A が何かの場所に行ってみたかと聞いているのに対して，B は The food there is very good.「そこの食べ物はとてもおいしいです」と感想を述べている。選択肢の中で food を提供する場所は restaurant「レストラン」なので**3**が正解。
1 camping「キャンプ」，**2** umbrella「傘」，**4** oven「オーブン」

合格 LESSON 3 やってみよう！

(1) 解答 **4**

「その部屋は**静か**でした。生徒たちはみな読書をしていました」

解説 空所の前の The room was「その部屋は〜だった」から，部屋の様子を表す言葉が当てはまると考えられる。続く文で All the students were reading.「生徒たちはみな読書をしていました」と書かれているので，quiet「静かな」が正解。
1 angry「怒って」，**2** dangerous「危険な」，**3** tall「背の高い」

(2) 解答 **1**

A:「ナンシー，あなたの**お気に入りの**食べ物は何？」
B:「私はカレーが一番好きです」

解説 A の food「食べ物」に関する質問に対して，B は「カレーが一番好き」と答えているので，A は「好きな食べ物」について聞いていると推測できる。favorite「お気に入りの」が正解。like 〜 the best は「〜が一番好き」という意味。
2 large「大きい」，**3** rainy「雨の」，**4** young「若い」

(3) 解答 **4**

A:「あなたは今**お腹がすいて**いますか」
B:「いいえ，すいていません。私はたくさんのホットドッグを食べました」

解説 A の質問に対して，B は No「いいえ」と否定し，ホットドッグをたくさん食べたと説明していることから，A は B が hungry「お腹がすいて」いるのかを聞いたと分かる。
1 fast「速い」，**2** same「同じ」，**3** short「短い」

(4) 解答 **2**

「今日は**晴れ**ています。傘やレインコートは必要ありません」

解説 空所の前後から，It を主語にして天気

などを述べている文だと分かる。続く文から，umbrella「傘」や raincoat「レインコート」が必要ない天気を考えよう。sunny「晴れた」が正解。
1 sad「悲しい」，**3** busy「忙しい」，**4** sick「病気の」

(5) 解答 **3**

「その数学の問題はとても難しかったので，理解できない生徒もいました」

解説　The math question「数学の問題」がどうだったのかを考える。and 以降に，「理解できない生徒もいた」とあるので，その問題が difficult「難しい」ものだったと推測できる。could は can の過去形。
1 cute「かわいい」，**2** right「正しい」，**4** little「小さい，少ない」

問題 ⇒ 本冊 p.21

合格LESSON 4　やってみよう！

(1) 解答 **4**

A:「質問をしてもいいですか，スミス先生」
B:「いいですよ。何ですか」

解説　A が B（スミス先生）に，何かをしたいと話しかけている。空所の後ろを見ると you a question「あなたに質問を」とあるので，何をしようとしているのかが推測できる。ask を選ぶと文が自然につながる。Can I ～? は「～してもいいですか」と尋ねる表現。
1 watch「～を見る」，**2** become「～になる」，**3** move「～を動かす」

(2) 解答 **4**

「スズキさんはよく彼の祖母を訪ねます。彼女は小さな町に住んでいます」

解説　空所の後ろの his grandmother「彼の祖母」とつながる動詞は何かを考える。空所に visits を入れて visits his grandmother「祖母を訪ねる」とすると文意が通る。
1 has「～を持っている」，**2** hopes「～を望む」，**3** sends「～を送る」

(3) 解答 **3**

「教科書を開いてください。今日は 25 ページから始めます」

解説　2 つ目の文から「25 ページから始め」ようとしている状況が読み取れる。空所の前には Please とあり，何かを命令・指示していると分かるので，your textbook「教科書」に自然につながる動詞を考えると open「～を開く」が適切。
1 feel「～を感じる」，**2** eat「～を食べる」，**4** forget「～を忘れる」

(4) 解答 **2**

A:「ロバート，電話をとってもらえる？　私は忙しいの」
B:「いいよ」

解説　A が B に can you ～ for me?「～してもらえる？」と何かを頼んでいる。何を頼んでいるのかを，空所の後ろの the phone から判断しよう。空所に answer を入れて answer the phone「電話をとる」とすると文がつながる。
1 visit「～を訪ねる」，**3** plant「～を植える」，**4** ride「～に乗る」

(5) 解答 **1**

A:「外は雨が降っていますよ」
B:「大丈夫です。私はいつも傘を持ち歩いています」

解説　空所の後ろの an umbrella「傘」がヒントになる。雨が降っていると言う A に B は傘をいつもどうすると答えているのか。bring「～を持って来る，持ち歩く」が正解。
2 turn「～を回す」，**3** meet「～に会う」，**4** drop「～を落とす」

問題 ⇒ 本冊 p.24～25

合格LESSON 1～4　チェックテスト

(1) 解答 **4**

「私の大好きな科目は英語です。私は英語の物語を読むのが好きです」

解説　空所の前に My favorite「私の大好きな」，空所の後ろに is English「英語です」とあり，English と意味的につながるのは，「言語」や「科目」などだと推測できる。選択肢の中で当てはまるものは **4** の subject「科目」。
1 airplane「飛行機」，**2** noodle「めん類」，**3** hometown「故郷」

(2) 解答 **1**

「この**写真**を見てください。この女性は私のピアノの先生です」

解説　空所の前で Look at ～.「～を見てください」と何かを見るように述べた後で，2つ目の文で This woman is ～.「この女性は～です」と説明を加えていることから，見せているものに女性の姿が描かれていたり写ったりしていると考えられるので，選択肢の中で当てはまるのは picture「写真」。
2 clock「時計」，**3** post「ポスト」，**4** dish「皿，料理」

(3) 解答 **2**

A:「誕生日おめでとう，ジュディ。これらの花は君にだよ」
B:「ありがとう！ とても**きれいね**」

解説　選択肢は全て形容詞。A が B の誕生日に花を送っており，B はそれに Thank you!「ありがとう！」とお礼を述べた後，感想を伝えている。名詞の flowers「花」を説明して意味的につながる選択肢を選べばよい。**2** が正解。
1 fast「速い」，**3** rainy「雨の」，**4** sorry「残念に思って」

(4) 解答 **1**

「授業**を始め**ましょう。教科書を開いてください」

解説　空所のある文で Let's ～.「～しましょう」と呼びかけた後に，2つ目の文で Please open your textbooks.「教科書を開いてください」と続けている。空所の後に lesson「授業」があるので，授業「を始め」ようとしている発言だと判断できる。正解は **1** begin。

2 ride「～に乗る」，**3** paint「～を描く」，**4** drop「～を落とす」

(5) 解答 **4**

「**弁当箱**を忘れてしまいました。私は今とてもお腹がすいています」

解説　空所の前を見ると I forgot ～. と何かを忘れたことを述べており，続けて2つ目の文で I am very hungry「私はとてもお腹がすいています」と状況を説明していることから，忘れたものは食べ物であると考えられる。lunchbox「弁当箱」を入れると意味が通る。
1 course「進路」，**2** bridge「橋」，**3** uncle「おじ」

(6) 解答 **2**

「彼は良い**料理人**です。たくさんの人々が彼の料理を食べるためにそのレストランを訪れます」

解説　選択肢にはいろいろな職業の名前が並んでいるが，2つ目の文で restaurant「レストラン」や his cooking「彼の料理」について述べられているので，He「彼」は料理に関する仕事についていると判断できる。cook「料理人」を選ぶと意味がつながる。
1 doctor「医者」，**3** teacher「先生」，**4** singer「歌手」

(7) 解答 **3**

「その部屋は**暗**すぎました。私は読書ができませんでした」

解説　1つ目の文で The room was too ～.「その部屋は～すぎた」と部屋の状況について述べた後，2つ目の文で I couldn't read.「私は読書ができませんでした」と続けている。読書ができない状況について考えると，選択肢の中で当てはまるものは dark「暗い」だと分かる。
1 short「短い」，**2** half「半分の」，**4** early「早い」

(8) 解答 **3**

A:「あなたは何をしているのですか」
B:「祖父への手紙**を書い**ています」

解説 何をしているのかと尋ねる A に，B は今していることを答えている。空所の後ろの a letter「手紙」と意味がつながるのは write「～を書く」だと判断できる。write の～ ing 形は writing となるので，**3** が正解。
1 learning「学んでいる」，**2** calling「電話をかけている」，**4** running「走っている」

5 やってみよう！

問題 ➡ 本冊 p.27

(1) 解答 **3**
A:「あなたはいつ空港に着きますか」
B:「私は 12 時 30 分にはそこにいます」
解説 get to ～ で「～に着く」という意味になるので，空所に to を入れると意味が通る。B の返答の I'll be there「私はそこにいる」から推測できる。airport は「空港」という意味。

(2) 解答 **4**
「バスはとても遅れていました。私は 30 分以上それを待ちました」
解説 1 つ目の文でバスが遅れていたことが述べられている。2 つ目の文の it が「バス」であることを読み取れれば，「バスを待った」という意味にすればよいと分かる。wait for ～ で「～を待つ」という意味なので，for を選ぶと文の意味が通じる。

(3) 解答 **4**
A:「もしもし。ジャネットです。メグと話せますか」
B:「はい。ちょっとお待ちください」
解説 A の出だしの Hello? This is Janet.「もしもし。ジャネットです」から，電話での会話であることを読み取る。空所の前後からメグと話したいと言っていることが推測できるので，to を入れて speak to ～「～と話す」にする。Can[May] I speak to ～? の形は電話でよく使われる。

(4) 解答 **3**
A:「あなたの冬休みの計画は何ですか」
B:「日本へ旅行に行きます」
解説 plans for the winter vacation「冬休みの計画」を尋ねる A に対する B の返答を考える。空所の前の go on a と空所の後ろの to Japan「日本へ」から B は休暇中に日本へ旅行すると考えられるので，trip を選んで go on a trip to ～「～へ旅行に行く」とすると意味が通る。

(5) 解答 **3**
「ケンジは去年の夏にオーストラリアに行き，そしてそこでたくさんの生徒たちと友人になりました」
解説 文の前半からケンジが去年の夏にオーストラリアに行ったことが読み取れる。文の後半では，そこで彼がたくさんの生徒たちと何かをしたことが述べられている。空所の後ろの friends から，ケンジは生徒たちと「友人になった」と考えられる。become friends with ～ で「～と友人になる」という意味なので，**3** が正解。

問題 ➡ 本冊 p.30 ～ 31

5 チェックテスト

(1) 解答 **4**
A:「何を探しているのですか」
B:「うで時計です。それを見つけられないのです」
解説 B の返答で，My watch. I can't find it.「うで時計です。それを見つけられないのです」と述べているので，1 つ目の文は，「何を探しているのか」という意味にすればよいと分かる。look for ～ で「～を探す」という意味なので，空所に for を入れると文の意味が通じる。

(2) 解答 **3**
「そのロック歌手は世界中で人気があった」
解説 文の前半では The rock singer was

popular「そのロック歌手は人気があった」と述べられているので，どこで人気があったかを考える。空所に over を入れて all over the world「世界中で［に］」とすると意味が通る。

(3) 解答 **4**
A:「私はパーティーで**楽しい時を過ごしました**」
B:「それはよかったね」
解説 B の返答が That's good.「それはよかったね」であることから，A はパーティーについて良い感想を述べていると判断できる。空所に had を入れて，had a good time (at the party)「（パーティーで）楽しい時を過ごした」とすると，会話がうまくつながる。

(4) 解答 **4**
A:「あなたはその会社に**何年勤めましたか**」
B:「10 年ほどです」
解説 A の How many years 〜 ?「何年〜ですか」という問いかけに B が About ten years.「10 年ほどです」と答えているので，B が that company「その会社」で何かをした期間についての対話だと考えられる。空所の前のwork から，働いていた期間を尋ねていると判断し，for を空所に入れると，work for 〜「〜に勤める」となり，意味が通る。

(5) 解答 **1**
A:「ぼうしを**脱いで**いただけますか」
B:「分かりました」
解説 A が your hat「あなたのぼうし」について何かを述べたのに対して，B が All right.「分かりました」と答えている。空所の前のtake から，ぼうしを脱ぐことをうながしていると判断し，take off 〜「〜を脱ぐ」とすると意味が通る。**1** が正解。これと反対の表現は put on 〜「〜を身につける」。

(6) 解答 **1**
「私は夜の間に何度も**目を覚ました**ので，今とても眠いです」

解説 文の so 以降を読むと，I am very sleepy now「今とても眠い」と述べているので，文の前半にはその理由が書かれていると考えられる。many times「何度も」，during the night「夜の間に」などから，夜の間に目が覚めて十分に眠れなかったことが推測されるので，空所に up を入れて woke up「目を覚ました」とすると意味が通る。woke は wake の過去形。

(7) 解答 **4**
A:「**仕事の後に卵を買ってくれる？**」
B:「いいよ」
解説 A の Can you buy some eggs ...?「卵を買ってくれる？」という依頼に，B は Sure.「いいよ」と答えている。空所の後の work に注目して，after work「仕事の後に」とすると会話がつながる。

(8) 解答 **3**
A:「**将来は何になりたいですか**」
B:「私はピアニストになりたいです」
解説 A の質問 What do you want to be 〜?「何になりたいですか」と，B の返答 I want to be a pianist.「私はピアニストになりたいです」から，B のなりたいものについての対話だと分かる。空所の後ろの the future「未来」に注目し，空所に in を入れると in the future「将来は」となり，会話がつながる。

問題 ➡ 本冊 p.33

合格 LESSON
6 やってみよう！

(1) 解答 **1**
A:「今週末は何をしますか」
B:「ただ家にいて，本を読みたいです」
解説 空所の前の want to に注目する。want to の後ろは動詞の原形になるので stay が正解。〈want to ＋動詞の原形〉で「〜したい」という意味。

(2) 解答 **2**
A:「リズはどこにいますか」

B:「彼女はおじさんを出迎えに空港に行きました」

解説 She went to the airport「彼女は空港に行った」に何が続くかを考える。目的を表すto不定詞の「～するために」を用いて to meet her uncle で「彼女のおじを出迎えるために」とすれば，意味が通じる。

(3) **解答** **1**

「私はポーラから手紙をもらって幸せでした。彼女は新しい会社でうまくやっています」

解説 to不定詞の「～したので」を用いて，happy「幸せ」に感じた理由を述べている文にする。to get が正解。

(4) **解答** **3**

A:「私は飲む物がほしいです」

B:「あそこのあの店で冷たいお茶が買えますよ」

解説 B の You can buy some cold tea「冷たいお茶を買うことができる」から，A は飲み物について話していると推測できる。形容詞の働きをする不定詞「～するための」を使い，something to drink「飲むための何か」（＝「飲む物」）とすればよい。**3**が正解。

(5) **解答** **1**

A:「マイク，今日の午後スーパーマーケットに行ってちょうだい」

B:「ごめん，今日はとても忙しいんだよ。そこに行く時間がないんだ」

解説 形容詞の働きをする不定詞の「～するための」を使い，time to go「行くための時間」とすればよい。**1**が正解。

問題 ⇒ 本冊 p.35

LESSON 7 やってみよう！

(1) **解答** **4**

A:「3年前，私は中学生でした」

B:「それでは，今は高校生ですか」

解説 選択肢には be 動詞の変化形が並んでい

る。A が three years ago「3年前に」と述べていることから，過去の話であることが分かる。主語が I であることも合わせて考えると，was が正解。

(2) **解答** **4**

「ケンは5年前には英語を話しませんでした。彼はとても一生けんめい練習し，今は英語をとても上手に話します」

解説 1つ目の文に5年前にケンは英語が話せなかったと述べられており，2つ目の文は「とても一生けんめい～」，「今は英語をとても上手に話す」と続けられている。「とても一生けんめい練習したので」と考えれば文意が通る。過去形の practiced が正解。

(3) **解答** **3**

A:「先週，あなたは病気だったのですか。私は病院であなたを見かけました」

B:「いいえ。私は指の骨を折ったのです」

解説 選択肢には be 動詞の変化形が並んでいるので，文の主語といつのことについての話かを読み取ろう。A の質問は last week「先週」について，つまり過去のことについて聞いている。主語が you なので Were が正解。broke は break「～を壊す，折る」の過去形。

(4) **解答** **1**

「今朝は朝食を食べなかったので，私は今とてもお腹がすいています」

解説 空所の前には didn't があるので，過去のことが述べられていると分かる。過去の一般動詞の否定文は，〈did not [didn't] ＋動詞の原形〉の形になるので，have が正解。

(5) **解答** **4**

A:「午前11時ごろにあなたに電話しました。そのときは外出していたのですか」

B:「ごめんなさい。私はとても疲れていて，まだ寝ているところでした」

解説 A の I called や Were you，B の I was very tired などから，過去のことが述べられて

いると分かる。空所の前を見ると，I was still と be 動詞の過去形 was が使われているので，これが〈be 動詞の過去形＋動詞の ing 形〉で表す過去進行形の一部になると考えられる。**4** が正解。still は「まだ」という意味。

問題 ➡ 本冊 p.37

合格 LESSON 8 やってみよう！

(1) 解答 **2**

A:「ジェームズは料理が好きですか」
B:「はい。彼はとても上手に料理をします」
解説 B は He cooks ... と現在のことを答えているので，A も現在のことを質問していると分かる。主語が James と 3 人称単数なので，文頭に Does を置いて疑問文を作るとよい。

(2) 解答 **1**

A:「食卓についている男の子は誰ですか」
B:「彼はケイトの兄［弟］ですが，私は彼の名前を知りません」
解説 B の応答を見ると，文の前半で「彼はケイトの兄［弟］」だと述べ，続けて but「しかし」と言っているので，文の後半は「彼の名前を知らない」という内容であると推測できる。一般動詞の否定文で主語 I に続くのは don't なので，正解は **1**。

(3) 解答 **1**

A:「ジャック，あなたは昨日ジャネットと会いましたか」
B:「はい。僕たちは一緒に勉強しました」
解説 Jack, と呼びかけた後に，did you ～? と疑問文が続いている。～に入るのは動詞の原形なので，see が正解。

(4) 解答 **2**

A:「今夜スズキさんに電話してください。忘れないでください！」
B:「分かりました」
解説 命令文「～しなさい」は主語を置かずに動詞で文を始めるが，「～しないように」とい

う否定の命令文の場合は，Don't の後に動詞の原形を置く。

(5) 解答 **1**

A:「私を手伝ってくれますか」
B:「申し訳ありませんが，今は時間がありません」
解説 〈Can you ＋動詞の原形 ～ ?〉で「～してくれますか」と人にものを頼む表現。動詞部分は原形になるので，help が正解。

問題 ➡ 本冊 p.38 ～ 39

合格 LESSON 6～8 チェックテスト

(1) 解答 **1**

A:「なぜあなたは駅にいたのですか」
B:「私は祖父を出迎えにそこに行きました」
解説 A は Why ～?「なぜ～?」と尋ねているので，B の応答 I went there「私はそこに行った」の後には目的・理由が続くと考えられる。空所の前には to があるので，目的を表す to 不定詞の「～するために」を使って to meet my grandpa とすると「祖父を出迎えに」となり，意味が通じる。

(2) 解答 **1**

「私はこの車を買いたいのですが，そのための十分なお金を持っていません」
解説 〈want to ＋動詞の原形〉で「～したい」を表すので，buy を選ぶと I want to buy this car「私はこの車を買いたい」となり，意味が通じる。文の後半では，I don't have enough money for it「そのための十分なお金を持っていない」と述べている。enough「十分な」も覚えておこう。

(3) 解答 **2**

「私は昨日公園で，兄［弟］と彼の友人たちに会いました。彼らはサッカーをしていました」
解説 最初の文で「兄［弟］と彼の友人たちに公園で会った」と述べられており，I saw や yesterday から過去についての文であると読み

9

取れる。続く文の空所の後ろには playing があるので，空所に be 動詞を入れて過去進行形を作るとよい。主語 They は 3 人称複数形なので，正解は were。

(4) 解答 **3**

A:「先週かぜをひいていたの，スーザン？」
B:「ええ，でも今は大丈夫よ」

解説 A の質問を見ると last week「先週」と述べているので，B に過去のことを尋ねていると分かる。you の後に一般動詞の have があるので Did を使って疑問文を作る。**3** が正解。

(5) 解答 **2**

「手を洗うのを忘れないでください」

解説 「〜しないように」という否定の命令文に please がついている。空所の前の forget「〜を忘れる」に注目する。to 不定詞を「〜すること」という名詞として使い，to wash 〜「〜を洗うこと」を forget の目的語とすると，「〜を洗うことを忘れる」となる。Don't forget to 〜で「〜するのを忘れるな」→「忘れずに〜しろ」になると覚えておこう。

(6) 解答 **4**

「私はジェーンと一緒に勉強するために図書館に行きました」

解説 I went to the library は「私は図書館に行った」という意味。選択肢には動詞 study のいろいろな形が並んでいるが，to 不定詞の to study を選ぶと「勉強するために」と目的を表す文になって，意味が通じる。

(7) 解答 **4**

A:「ジル，昨夜 9 時に何をしていたの？」
B:「私はミカと電話で話していたわ」

解説 A が What were you doing 〜 ?「何をしていましたか」と過去進行形の文で尋ねていることから，B の応答も過去進行形になると考えられる。過去進行形は〈was / were ＋動詞の ing 形〉で表せる。空所の前に was があるので，talking を続けて I was talking「私は話してい

た」とする。

(8) 解答 **4**

A:「あなたは今夜パーティーに行くつもり？」
B:「いいえ，行きません。私は今夜，勉強しなければなりません」

解説 A が Will you 〜 ?「〜するつもりですか」と尋ねているのに対して，B が No, と答えている。この文は未来のことについて述べる否定文になると考えられる。won't は will not の短縮形なので **4** が適切。

問題 ➡ 本冊 p.41

 合格 LESSON **9** やってみよう!

(1) 解答 **2**

男性:「私は昨日，駅の近くの新しいレストランに行きました」
女性:「それはいかがでしたか」
男性:「素晴らしかったです」
1 誰が作りましたか。
2 それはいかがでしたか。
3 あなたはどこの出身ですか。
4 その名前は何ですか。

解説 レストランへ行った男性に，女性が質問している。それに対して男性は，It was wonderful.「それは素晴らしかった」と答えているので，女性はレストランについての感想を男性に尋ねていると判断できる。How was 〜 ?で「〜はいかがでしたか」という意味。

(2) 解答 **1**

男の子:「ジャックはいつ来るの？」
女の子:「午後 7 時よ。だから彼はもうすぐ来るでしょう」
男の子:「よかった」
1 ジャックはいつ来るの？
2 誰が来るの？
3 ジャックはどこにいるの？
4 ジャックはどちらが好きなの？

解説 男の子の質問に，女の子は At 7 p.m.「午後 7 時よ」と答え，So, he will come soon.

「だから彼はもうすぐ来るでしょう」と続けている。このことから，男の子はジャックがいつ来るのかと尋ねているのが分かる。

(3) 解答 **4**

母親：「メグはどこにいるの？」

息子：「**車庫だよ。彼女はお父さんが車を洗うのを手伝っているんだ**」

1 10 ドルだよ。

2 赤いのだよ。

3 午前 8 時にだよ。

4 車庫にだよ。

解説 母親が Where ～ ?「どこに～？」とメグの居場所を聞いているので，息子の答えとしては場所を述べている選択肢を選べばよい。In the garage.「車庫に（いる）」であれば文脈に合う。

(4) 解答 **4**

女性：「私はこのセーターが気に入りました。これはいくらですか」

店員：「**5,000 円です**」

1 明日は雨でしょう。

2 それは私のではありません。

3 今日は火曜日です。

4 5,000 円です。

解説 女性がセーターが気に入ったことを述べた後，How much is this?「これはいくらですか」と値段を尋ねているので，店員は価格を答えていると考えられる。It is five thousand yen.「5,000 円です」が適切だと分かる。

問題 ➡ 本冊 p.43

 合格 LESSON **10** やってみよう！

(1) 解答 **1**

男性：「今日映画を見に行かない？」

女性：「ごめんなさい，**かぜをひいているの。**医者に行かなければならないわ」

男性：「それはいけないね」

1 かぜをひいているの。

2 それは良い考えね。

3 あなたと一緒に行くわ。

4 またすぐに会いましょう。

解説 男性の映画の誘いに，女性は「ごめんなさい」と断っている。空所の後では医者へ行かなければならないと言っているので，その理由を述べた I have a cold.「かぜをひいています」が適切であると分かる。

(2) 解答 **2**

女性：「とてもお腹がすいたな。レストランに行きましょうよ」

男性：「そうだね。**日本料理はどうかな？**」

女性：「いいわね」

1 休暇はどうだった？

2 日本料理はどうかな？

3 君はどこに行くの？

4 レストランはどこにあるの？

解説 お腹がすいたのでレストランへ行こうと言う女性に，男性が答えている。さらに男性の返答に女性は，Sounds good.「いいわね」と賛同していることから，男性はレストランについて何か提案したと推測できる。How about ～?で「～はどうですか」という意味になる。

(3) 解答 **2**

女性：「コーヒーを入れてもらえますか」

男性：「**分かりました**」

女性：「どうもありがとう」

1 元気です，ありがとう。

2 分かりました。

3 また今度。

4 それは忘れてください。

解説 コーヒーを入れてくれるように頼んでいる女性に対し，男性がどのように答えたかを考える。男性の答えに対して，Thank you very much. と女性がお礼を言っていることから，男性はコーヒーを入れることを引き受けたと判断できるので，All right.「分かりました」が適切。

11

(4) 解答 **2**

男性1：「お名前を教えていただけますか」

男性2：「**いいですよ。私の名前はマーク・ス
ミスです**」

1 うまくいきますように。

2 いいですよ。

3 楽しかったです。

4 私です。

解説　名前を尋ねられた男性は，空所の後で
自分の名前を答えている。「いいですよ」と同
意している Sure. が適切。**4** の Speaking. は
電話の会話で「（話しているのは）私です」と言
うときの表現。

問題 ➡ 本冊 p.45

合格LESSON **11** やってみよう！

(1) 解答 **2**

女性1：「この前の日曜日にハイキングに行っ
たの」

女性2：「**天気はどうだった？**」

女性1：「良かったけれど，寒かったわ」

1 誰と一緒にいたの？

2 天気はどうだった？

3 何歳なの？

4 いつ行ったの？

解説　ハイキングに行ったと話す女性1に対
し，女性2が何を言ったかが問われている。空
所の後で女性1は「良かったけれど，寒かった」
と天候について述べているので，女性1は天
気についての質問をしたと考えられる。How
was the weather?「天気はどうだった？」が適
切。

(2) 解答 **3**

男の子：「その映画についてどう思った？」

女の子：「楽しかった。もう一度見たいな」

1 今は何時？

2 あなたの大好きな映画は何？

3 その映画についてどう思った？

4 今日は何をするの？

解説　空所になっている男の子の質問に対し，

女の子は「（それは）楽しかった」「もう一度見
たい」と答えていることから，選択肢の中では，
映画の感想を尋ねる What did you think of
the movie? が最適であると分かる。What did
you think of 〜? は，「〜についてどう思いま
したか」という意味。

(3) 解答 **3**

母親：「もっとパンがほしい？」

息子：「ううん，もういいよ。**お腹がいっぱい
なんだ**」

1 最善を尽くすよ。

2 とてもお腹がすいているんだ。

3 お腹がいっぱいなんだ。

4 忙しかったんだ。

解説　母親が息子にもっとパンがほしいかと
尋ねている。これに対し，息子は No, thank
you.「ううん，もういいよ」と断っているので，
空所には息子が断った理由が入ると推測でき
る。I'm full.「お腹がいっぱいなんだ」が適切。

(4) 解答 **4**

女の子1：「今日の午後買い物に行こうよ」

女の子2：「ごめん。**今日は宿題をしなくては
ならないの**」

1 これらは特売中よ。

2 今日の午後はとても楽しかったわ。

3 あなたと一緒に釣りに行くわ。

4 今日は宿題をしなくてはならないの。

解説　買い物に誘われた女の子2は，「ごめ
ん」と断っているので，空所には断る理由が入
ると考えられる。I have to do my homework
today.「今日は宿題をしなくてはならないの」
を選ぶと会話が成立する。do one's homework
は「宿題をする」という意味。one's は主語に
合わせて変える。

問題 ➡ 本冊 p.46 〜 47

合格LESSON **9〜11** チェックテスト

(1) 解答 **1**

男の子：「僕は猫を飼っているよ。彼女は白い

「んだ」

女の子：「**彼女の名前は何というの？**」

男の子：「**彼女の名前はスノウだよ**」

1 彼女の名前は何というの？

2 これはいくらなの？

3 私の猫はどこ？

4 彼女はいつ来たの？

解説　男の子が飼っている猫について話した後，女の子の質問に Her name is Snow.「彼女の名前はスノウだよ」と答えている。このことから，女の子は男の子の飼い猫の名前を尋ねていると考えられる。**1** が正解。

(2) 解答 **1**

女性：「**あなたはいつ起きたの？**」

男性：「午前 4 時にだよ。僕は釣りに行ったんだ」

女性：「わあ。あなたは本当に釣りが好きなのね」

1 あなたはいつ起きたの？

2 今朝，誰が来たの？

3 あなたのうで時計はどこにあったの？

4 あなたはどの列車に乗るの？

解説　女性の質問に，男性が At 4 a.m.「午前4 時にだよ」と答えていることから，女性は時刻について尋ねていることが分かる。When ～ ?「いつ～？」という質問の **1** が正解。

(3) 解答 **3**

母親：「部屋をそうじした方がいいわね」

息子：「**分かったよ。やるよ**」

母親：「ありがとう」

1 僕はそれをよく知らないんだ。

2 それをしてください。

3 分かったよ。

4 壁に。

解説　母親の You should clean your room.「部屋をそうじした方がいい」という忠告への息子の応答として適切なものはどれかを考えるとよい。母親が「ありがとう」と言っているので **3** が正解。

(4) 解答 **2**

生徒1：「良い週末を！」

生徒2：「ありがとう。**君もね**」

1 心配しないで。

2 君もね。

3 それはとても残念だね。

4 大丈夫だよ。

解説　生徒1の Have a good weekend!「良い週末を！」というあいさつへの適切な返答を選ぶ。Thank you.「ありがとう」というお礼には，You, too.「君もね」が自然につながる。

(5) 解答 **4**

男性：「あの赤いスポーツカーを見てごらん」

女性：「すてきね！ **あれは誰の車なの？**」

男性：「僕の祖母のだよ」

1 私の車はどこ？

2 この自転車はどう？

3 あなたは何色が好きなの？

4 あれは誰の車なの？

解説　red sport car「赤いスポーツカー」について話す男性に，女性が That is cool!「すてきね！」と答え，続く発言に対して男性が My grandmother's.「僕の祖母の（もの）だよ」と答えている。「〈人〉のもの」という発言は Whose ～ ?「誰の～？」という質問への答えなので，**4** が正解。

(6) 解答 **3**

女性：「そのコーヒー店はどうだったの？」

男性：「それは素晴らしかったよ」

女性：「私もそこに行きたいな」

1 そのコーヒー店はどこにあるの？

2 そのコーヒーはいくら？

3 そのコーヒー店はどうだったの？

4 あなたはどのコーヒーが好き？

解説　女性の冒頭の発言に対して，男性が It was wonderful.「それは素晴らしかったよ」と答えているので，女性は何かについての感想を尋ねていると判断できる。How was ～ ? は「～はどうだった？」と意見や感想を求める表現なので，**3** が正解。

(7) 解答 **3**

女性1：「私たちの写真を撮ってくれますか？」
女性2：「**もちろんです**」
女性1：「ありがとう」
1 あなたはそれができますよ。
2 もう一度それをしてください。
3 いいですよ。
4 よく眠りました。
解説 Can you ～ ?「～してくれますか？」と依頼する女性1に対して女性2が答え，女性1はその答えに Thanks.「ありがとう」とお礼を述べているので，女性2は女性1の依頼を受け入れたと判断できる。「もちろんです」という意味の Of course. を選ぶと会話が自然につながる。slept は sleep の過去形。

(8) 解答 **3**

男の子：「彼はとても親切だね」
女の子：「そうね，**私もそう思うわ**」
1 それは良さそうね。
2 私は元気よ。
3 私もそう思うわ。
4 それは良い考えね。
解説 男の子の He is very kind.「彼はとても親切だね」という発言に，女の子は Yeah,「そうね，」と同意し，さらにひと言付け加えている。I thinks so, too.「私もそう思うわ」は同意を強める表現なので，**3** が正解。Yeah は Yes と同じ。

問題 ➡ 本冊 p.49

合格
LESSON
12 やってみよう！

(1) 解答 **1**

正しい語順 (Which **country** do **you** want) to visit?
解説 「どの国」は疑問詞 which を使って表し，Which country で文をはじめる。この後に，「あなたはしたいと思いますか」に当たる do you want を続ければよい。〈want to ＋動詞の原形〉で「～したい」を表すので，want to visit は「訪れたい」という意味になる。

(2) 解答 **3**

正しい語順 (How **many** animals **does** the) zoo have?
解説 「いくつの～」を意味する How many を用い，「どれだけの数の動物」を How many animals で表す。この後は「動物園にはいますか」に当たる部分を「動物園は持っていますか」と考え，一般動詞のある疑問文の語順にして，〈does ＋主語(the zoo)＋動詞の原形(have)?〉と並べる。

(3) 解答 **3**

正しい語順 (What **kind** of **books** do) you want to read?
解説 「何の」を意味する疑問詞 what に「種類の」を意味する kind of を続けて，What kind of books「どんな種類の本」とする。この後の「読みたいですか」に当たる部分は，一般動詞の疑問文の語順にして，do (you want to read?) で表す。

(4) 解答 **2**

正しい語順 (Who **went** to **the** library) with Jane yesterday?
解説 「図書館に行ったのは誰ですか」は「誰が図書館に行きましたか」と考えて，主語に who を用い，Who went to the library で表す。この後に，「昨日ジェーンと」に当たる with Jane yesterday? が続いている。

問題 ➡ 本冊 p.51

合格
LESSON
13 やってみよう！

(1) 解答 **2**

正しい語順 (My brother **is** a member **of** the basketball) club.
解説 「～の一員，～のメンバー」は a member of ～ を使って表すことができる。My brother「私の兄」が主語なので文頭に置き，be 動詞 is に a member of を続ける。その後ろに何のメンバーであるかを表す the basketball (club)「バスケットボール部」を並べるとよい。

(2) 【解答】 **4**

【正しい語順】 (There **are** 30 students **in** this) classroom.

【解説】 「〜がいる」を There are 〜を用いて表す。There are 30 students で「30 人の生徒がいる」を表し，「この教室には」に当たる in this (classroom.) が続く。

(3) 【解答】 **3**

【正しい語順】 Janet (is **good** at **speaking** Japanese).

【解説】 「〜をするのが得意である」は be good at 〜 ing で表すことができる。主語の Janet に be 動詞の 3 人称単数現在の is を続けて Janet is good at speaking とし，その後ろに speak「〜を話す」の目的語である Japanese「日本語」を置く。

(4) 【解答】 **2**

【正しい語順】 (Thank **you** for **giving** me) this nice gift.

【解説】 「〜してくれてありがとう」は Thank you for 〜 ing で表す。〈give ＋人＋物〉で，「〈人〉に〈物〉を与える」という意味になるので，me「私に」と this nice gift「この素敵な贈り物」を当てはめるとよい。

問題 ➡ 本冊 p.53

合格 LESSON 14 やってみよう！

(1) 【解答】 **2**

【正しい語順】 Please (show **me** your **new** car).

【解説】 文頭に Please「〜してください」があり，依頼の文になっているので，動詞の原形を続ける。〈show ＋人＋物 [人]〉で「〈人〉に〈物〉[人] を見せる [紹介する]」という意味になるので，me「私に」と your new car「あなたの新しい車」をこの語順に合わせて並べる。

(2) 【解答】 **4**

【正しい語順】 I (will **move** from **Tokyo** to) Osaka.

【解説】 主語の I が文頭にあるので，未来を表す助動詞 will を続ける。will の後には動詞の原形が来るので，move「移動する，引っ越す」をつなげる。「A から B へ」は from A to B で表せばよい。

(3) 【解答】 **2**

【正しい語順】 There (is **a** big **building** next) to the station.

【解説】 文頭に There があることに注目する。There is 〜 . で「〜があります」を表現できる。「大きなビル」は big building で表す。next to 〜は「〜の隣に」という意味。

(4) 【解答】 **3**

【正しい語順】 (Do **your homework** before **you** watch) TV.

【解説】 「〜しなさい」は命令文で表すとよい。命令文は動詞の原形が文頭に来るので，Do で文をはじめる。「宿題をする」は do one's homework。ここでは相手のことなので one's は your となる。「〈主語〉が〜する前に」は，接続詞の before に〈主語＋動詞〉を続ける。

問題 ➡ 本冊 p.54 〜 55

合格 LESSON 12〜14 チェックテスト

(1) 【解答】 **3**

【正しい語順】 (Which **book** do **you** want) to buy?

【解説】 「どの本」は疑問詞 which を使って，Which book で表す。これを文頭に置き，「〜したいですか」に当たる do you want (to buy?) を続ければよい。

(2) 【解答】 **1**

【正しい語順】 (There **are** three **lions** at) the zoo.

【解説】 「〜がある [いる]」は There are 〜 . で表す。「3 頭のライオン」は three lions。「動物園に」に当たる部分は at「〜に」を使って at

15

(the zoo) で表す。

(3) 解答 3
正しい語順 I usually (study **English** before **I** go) to bed.
解説 I usually「私はふだん〜」で文が始まっているので、「英語を勉強します」を study English で表し、いつするのかを続ければよい。〈before ＋主語＋動詞〉で、「〈主語〉が〜する前に」を表すので、before の後ろに主語 I と動詞の go をつなげる。

(4) 解答 3
正しい語順 (How **far** is **it** from) here to the post office?
解説 距離を尋ねるときは、How far is it 〜?「〜はどのくらいの距離ですか」と表す。「A から B まで」は〈from A to B〉で表すことにも注意。

(5) 解答 1
正しい語順 (Who **is** playing **the piano** in) the next room?
解説 人を尋ねる疑問文なので、Who「誰が」を文頭に置く。Who で始まる疑問文で主語を尋ねる場合、疑問詞の後ろには動詞が来る。また、「〜している」と現在進行形で表す文なので、is playing を続ける。「隣の部屋で」は in (the next room)。

(6) 解答 3
正しい語順 (Thank **you** for **coming** in) this bad weather.
解説 「〜してくれてありがとう」は〈Thank you for 〜 ing〉で表すので、Thank you for coming とすると「お越しいただき、ありがとうございます」の部分が完成する。「この悪天候の中」は in (this bad weather) と表す。

(7) 解答 3
正しい語順 (Ken **gave** me **three** books) yesterday.

「ケンは〜しました」という文なので、Ken を主語として冒頭に置く。「〈人〉に〈物〉をあげる」は〈give ＋人＋物〉の語順で表すことができるので、〈人〉に me、〈物〉に three books を当てはめればよい。gave は give の過去形。

(8) 解答 4
正しい語順 (That **star** is **bigger** than) the sun.
解説 「あの星は〜です」という文なので、That star is で文を始める。「〜より大きい」は bigger than 〜で表す。bigger は big の比較級。

問題 ➡ 本冊 p.57

合格
LESSON
15 やってみよう！

(1) 解答 1
「図書館の冬期休館はいつ始まりますか」
1 12 月 27 日。　　**2** 12 月 28 日。
3 1 月 2 日。　　**4** 1 月 3 日。
解説 お知らせの 1 つ目の文に、We are going to be closed for one week「当館は 1 週間休館する予定です」とあり、次の行にその日にちが示されている。December 27「12 月 27 日」から休館するとあるので、**1** が正解。

(2) 解答 2
「休館中に本を返却する場合に、あなたがしなければならないことは、」
1 図書館に電話する。
2 返却ボックスを使用する。
3 門を開ける。
4 それらを郵便ポストに投函する。
解説 If で始まる文は、during this time「この間」、つまり「休暇中に」返却する場合についての文。「門の前の返却ボックスに入れてください」とある。これを言い換えた **2** が正解。put them in の them は books or CDs「本や CD」のこと。

ウエストシティ図書館が休館します

当館は冬休みのため1週間休館する予定です。

日にち：12月27日〜1月2日

この間に本やCDを返却したい場合は，門の前の返却ボックスに入れてください。

1月3日は，午前9時から午後3時までの6時間のみの開館となります。よろしくお願いします！

問題 ➡ 本冊 p.60 〜 61

合格 LESSON 16 やってみよう！

(1) 解答 1

「ジムは次にいつ登校しますか」

1 月曜日に。　　2 火曜日に。

3 水曜日に。　　4 木曜日に。

解説　1通目のメールの発信者は Jim Smith「ジム・スミス」で，このメールの5文目に I will go to school next Monday.「次の月曜日には学校に行くつもり」とあるので，次にジムが登校するのは月曜日だと分かる。**1** が正解。

(2) 解答 2

「マリはジムに何を見せますか」

1 彼女の教科書。　　2 彼女のノート。

3 彼女のEメール。　　4 彼女のクラス。

解説　2通目のメールの差出人を見ると Mari Okada とあるので，これはマリが書いたメール。1つ目の文に，I'll show you my notebook「私のノートを見せてあげる」とある。**2** が正解。

(3) 解答 4

「多くの生徒が学校に来ていないのは，」

1 天気が悪いから。

2 彼らは数学が好きではないから。

3 休暇だから。

4 彼らは体調が悪いから。

解説　2通目のメールの3つ目の文に，a lot of students have a cold and cannot come to school this week「多くの生徒が今週はかぜをひいて学校に来ることができません」とある。have a cold「かぜをひいて」を are not feeling well「体調が悪い」と言い換えた **4** が正解。

全訳

差出人：ジム・スミス

あて先：マリ・オカダ

日付：2月14日

件名：もう大丈夫だよ！

こんにちは，マリ，

先週，ひどいかぜをひいて，1週間寝ていたんだ。僕はたった今君のEメールを見たよ。こんなに返信が遅くなってごめん。やっと気分が良くなったよ。次の月曜日には学校に行くつもり。ところで，数学の授業はどう？　授業はもっと難しくなってきているかな。僕は数学が得意ではないので，次のテストが心配なんだ。君のノートを見せてくれる？

ジム

差出人：マリ・オカダ

あて先：ジム・スミス

日付：2月15日

件名：良かったね！

こんにちは，ジム，

もちろん，私のノートを見せてあげる。アンナとパットも今かぜで体調が悪くて寝ているの。最近は寒くて乾燥しているので，今週はかぜをひいて学校に来ることができない生徒が多いわ。とにかく，私はとても元気で毎日学校に行っているの。だから，私はあなたに全ての数学の授業のノートを見せてあげることができるよ。授業は難しくはなかったわ，心配しないでね。

じゃあね！

マリ

17 やってみよう!

(1) 解答 **3**

「アリスはどこに行くのが好きですか」

1 中学校に。　　**2** 友人の家に。

3 山に。　　**4** 湖に。

解説　2つ目の文に，She likes to go hiking in the mountains near her school.「彼女は学校の近くの山へハイキングに行くことが好きです」とあるので，**3** が正解。like to 〜 で「〜することが好き」という意味。

(2) 解答 **3**

「彼らはいつそうじを始めたのですか」

1 6月に。　　**2** 7月に。

3 8月に。　　**4** 9月に。

解説　第1段落の最終文に，They decided to clean the road.「彼らは道をそうじすることに決めました」とあり，続く第2段落の1つ目の文に，On the first day of August, they cleaned the roads「8月1日に，彼らはその道をそうじしました」とあるので，**3** が正解。

(3) 解答 **2**

「今，アリスが一緒に道をそうじしているのは多くの」

1 教師たちだ。　　**2** 生徒たちだ。

3 専門家たちだ。　　**4** 家族たちだ。

解説　第3段落の1つ目の文に，Now, a lot of other students join the cleaning.「今では，他の多くの生徒たちがそうじに参加します」とある。この文から **2** が正解と分かる。

(4) 解答 **4**

「毎月何人の人が道路をそうじしますか」

1 約20人。　　**2** 約30人。

3 約40人。　　**4** 約50人。

解説　第3段落の2つ目の文に，About 50 people clean the hiking roads every month.「毎月約50人がハイキング道をそうじします」とある。**4** が正解。〈about ＋数〉は「およそ〜」，

every month は「毎月」という意味。

(5) 解答 **1**

「アリスがもっと多くの人に望んでいることは,」

1 道をきれいにすることである。

2 ピクニックに来ることである。

3 一緒にハイキングに行くことである。

4 自然を学ぶことである。

解説　第3段落の最終文に，Alice says, "We need more help."「アリスは『私たちはもっと多くの手伝いが必要です』と言っています」とある。「手伝いが必要だ」とはハイキング道のそうじのことを指しているので **1** が正解。

全訳

ハイキング道の清掃

　アリスはデンバーの中学生です。彼女は学校の近くの山々へハイキングに行くことが好きです。ある日，彼女は「その場所を訪れる人が増え，ハイキング道が汚れてきている」と思いました。彼女と彼女の友人のケントとキャシーはその問題について話しました。彼らは道をそうじすることに決めました。

　8月1日に，彼らは約5時間，その道をそうじしました。ハイキング道がきれいになっていきました。暑い日で，とても疲れましたが，彼らはうれしくなりました。汚れた場所はまだたくさんあったので，彼らは毎月それらをそうじすることに決めました。彼らは友人たちに助けを求めました。

　今では，他の多くの生徒たちがそうじに参加します。毎月約50人がハイキング道をそうじします。道は以前よりもきれいですが，その周りにはまだ缶やペットボトルがあります。アリスは「私たちはもっと多くの手伝いが必要です」と言っています。

合格LESSON 15〜17 チェックテスト

(1) 解答 **2**

「コーヒー店の開店セールはいつ終わりますか」
1 3月1日。 **2** 3月3日。
3 3月5日。 **4** 3月9日。

解説 タイトルの JJ COFFEE SHOP Opening Sale から，コーヒー店の開店セールのお知らせである。3行目の冒頭に From March 1 to March 3「3月1日から3月3日まで」と期間が示されており，セールは3月3日に終わると分かる。正解は**2**。

(2) 解答 **4**

「各日の最初の10人の客は何を無料でもらえますか」
1 コーヒー。 **2** サンドイッチ。
3 ケーキ。 **4** チョコレート。

解説 5行目に，The first 10 customers each day will get free chocolate.「各日，先着10名のお客様に，無料でチョコレートを差し上げます」と書かれているので，これが答えになる。本文の get free chocolate が質問文と正解選択肢では have chocolate for free に言い換えられている。coffee, cakes, sandwiches はそれぞれ店が取り扱っているものだが，無料でもらえるとは書かれていない。

全訳

JJコーヒー店　開店セール

当店は3月1日にオープンします！

3月1日から3月3日まで，当店の全てのコーヒーを特別な低価格でお買い求めいただけます。
ぜひご来店のうえ，当店のコーヒー，ケーキ，そしてサンドイッチをお試しください。

各日，先着10名のお客様に，無料でチョコレートを差し上げます。

ご来店をお待ちしております。

営業時間：午前9時から午後9時まで

(3) 解答 **4**

「誰が上手に泳ぎますか」
1 ジル。 **2** ジルの父。
3 ジルの母。 **4** ユミ。

解説 1つ目のEメールのあて先は Yumi Suzuki「ユミ・スズキ」なので，このEメールの中の You「あなた」はユミのことだと考えられる。4つ目の文に You were the best swimmer in our junior high school last summer.「あなたは去年の夏，私たちの中学校で一番泳ぐのが上手だったわね」とあるので，正解は**4**。差出人のジルについては，2つ目の文で I'm not good at swimming「私は泳ぐのが得意ではない」と書かれており，5つ目の文には My dad and mom aren't good swimmers.「私の父と母は泳ぐのがうまくない」とある。

(4) 解答 **2**

「ユミのおばは何を持っていますか」
1 夏休み。 **2** 水泳プール。
3 学校。 **4** スキージャケット。

解説 ユミが差出人になっている2つ目のEメールの7つ目の文に，My aunt lives near our school and she has a small pool.「私のおばが私たちの学校の近くに住んでいて，小さなプールを持っているの」とあるので**2**が正解。

(5) 解答 **4**

「ユミは何を学びたいですか」
1 泳ぐこと。
2 英語を話すこと。
3 プールを買うこと。
4 スキーをすること。

解説 ユミが差出人になっている2つ目のEメールの10番目と11番目の文に，I also have a problem. I can't do winter sports.「私にも悩みがあるんだ。私はウインタースポー

ツができないの」とあり，続けて could you teach me to ski this winter?「この冬に私にスキーを教えてもらえる？」と書かれているので，ユミが学びたいのはスキーだと分かる。

全訳

差出人：ジル・ストーン
あて先：ユミ・スズキ
日付：6月5日
件名：私に教えて！

こんにちは，ユミ，
このごろ，とても暑いね。もうほぼ夏だけれど，私は泳ぐのが得意ではないから，夏が好きではないの！ これは私にとっては大きな悩みよ。あなたは去年の夏，私たちの中学校で一番泳ぐのが上手だったわね。私の父と母は泳ぐのがうまくないの。この夏休みに私に水泳を教えてちょうだい。私は本当に泳ぐことを学びたいの。
ジル

差出人：ユミ・スズキ
あて先：ジル・ストーン
日付：6月6日
件名：いいわよ！

こんにちは，ジル，
元気？ 私は元気よ！ あなたが泳げないのを知らなかったな。この夏，あなたに水泳を教えてあげる。心配しないで！ すぐに泳げるようになるよ。私のおばが私たちの学校の近くに住んでいて，小さなプールを持っているの。私たちはそれを使えると思う。彼女も泳ぐのが上手だから，一緒にあなたを教えられるよ。私にも悩みがあるんだ。私はウインタースポーツができないの。よかったら，この冬に私にスキーを教えてもらえる？
ユミ

(6) **解答** **2**
「ジョシュはいつ日本に来ましたか」
1 3年前に。　　　**2** 2年前に。
3 去年。　　　　**4** 1カ月前に。

解説 第1段落の2つ目の文を見ると，He came to Japan two years ago.「彼は2年前に日本に来ました」と書かれているので，ジョシュは2年前に日本に来たと分かる。**2** が正解。

(7) **解答** **3**
「ジョシュははじめはどこで食事をしましたか」
1 大学で。　　　　**2** 家で。
3 レストランで。　**4** 料理学校で。
解説 第1段落の4つ目の文に At first, he was not good at cooking and often went to restaurants to eat.「はじめ，彼は料理が得意ではなく，よくレストランに食事に行きました」とあることから，ジョシュがはじめに食事をしていたのはレストランだと分かる。**3** が正解。at first は「はじめに」という意味。

(8) **解答** **3**
「ジョシュはどうやって料理を学びましたか」
1 日本人の友人が彼に教えた。
2 彼の母親が彼に教えた。
3 彼は料理教室に通った。
4 彼は本を何冊か読んだ。
解説 第1段落の最後の文を見ると，He decided to take cooking lessons.「彼は料理のレッスンを受けることを決めました」とあり，第2段落の冒頭にも He learned to make Japanese, Chinese and French food at the school.「彼は学校で，日本料理，中華料理，フランス料理の作り方を学びました」と書かれているので，料理教室に通ったことがジョシュが料理を学んだ方法だと考えられる。

(9) **解答** **1**
「ジョシュが一番好きな料理は何ですか」
1 日本料理。　　　**2** イタリア料理。
3 フランス料理。　**4** 中華料理。
解説 第2段落の2つ目の文を見ると，His favorite is Japanese food.「彼が一番好きなのは日本料理です」とあるので，**1** が正解。

(10) 解答 3

「ジョシュが楽しみにしているのは」
1 大学生になること。
2 東京で日本料理を食べること。
3 家族のために料理すること。
4 彼の誕生日パーティーに行くこと。

解説 look forward to 〜は「〜を楽しみにする」という意味の表現。第3段落の最後の文に, He is looking forward to making meals for his family.「彼は家族のために食事を作ることを楽しみにしています」とある。この making meals「食事を作ること」を cooking「料理すること」と言い換えた**3**が正解。

全訳

ジョシュの料理

　ジョシュはカナダから来た大学生です。彼は2年前に日本に来ました。彼は一人暮らしで, 東京の大学に通っています。はじめ, 彼は料理が得意ではなく, よくレストランに食事に行きました。何カ月か経ち, 彼は「僕は食べ物にお金を使いすぎているし, 今では太ってしまった。もっと健康的な食べ物を食べることが必要だ。だから, 自分で食事を作らなければならないな」と思いました。彼は料理のレッスンを受けることに決めました。

　彼は学校で, 日本料理, 中華料理, フランス料理の作り方を学びました。彼が一番好きなのは日本料理です。そして彼は友人たちのために夕食を作り始めました。ある日, 彼は家で小さなパーティーを開き, たくさんの種類のすしとてんぷら, そして大きなケーキを彼の友人たちのために作りました。パーティーにいた全員が, 「どれもとてもおいしいよ！　君は料理が上手だね」と言いました。ジョシュはそれを聞いてとてもうれしく思いました。

　彼は来月カナダに戻る予定です。彼は家族のために食事を作ることを楽しみにしています。

合格 LESSON **18** やってみよう！

🎵 16

(1) 解答 1

★ : Hi, Alice. You look sleepy today.
☆ : Oh, hi James. I stayed up late last night.
★ : When did you go to bed?
1 About 1 a.m.
2 That's bad.
3 I like it.

★ : こんにちは, アリス。今日は眠そうだね。
☆ : あら, こんにちはジェームズ。私は昨夜遅くまで起きていたの。
★ : いつ寝たの？
1 午前1時ごろよ。
2 それは良くないわね。
3 私はそれが好きよ。

解説 When 〜?は「いつ〜?」と日時を尋ねる表現。男の子がアリスにいつ寝たのかを尋ねているので, これに対する適切な応答は, 時刻を答えている About 1 a.m.「午前1時ごろよ」だと考えられる。

(2) 解答 2

☆ : That's a nice bag.
★ : Thank you. I just bought it last week.
☆ : Where did you buy it?
1 By my dad's car.
2 At a shop near my house.
3 In two days.

☆ : すてきなバッグね。
★ : ありがとう。先週買ったばかりなんだ。
☆ : どこで買ったの？
1 父の車で。
2 家の近くの店で。
3 2日後に。

解説 Where 〜?は「どこで〜?」と場所を尋ねる表現。女性が男性に対して, どこでバッグを買ったのかと尋ねている。これに対する

応答としては，場所に関して答えている At a shop near my house.「家の近くの店で」が適切だと分かる。

(3) 解答 3

★：Judy, what did you do yesterday?
☆：I went to swimming school.
★：How often do you go there?
1 At the library.
2 I swim very well.
3 Every Sunday.

★：ジュディ，君は昨日何をしたの？
☆：私はスイミングスクールに行ったわ。
★：どのくらいの頻度でそこに行くの？
1 図書館で。
2 私はとても上手に泳ぐわ。
3 毎週日曜日よ。

解説 How often ～？は「どのくらいの頻度で～？」と尋ねる表現。男の子はジュディがスイミングスクールに行く頻度について聞いているので，これに対する適切な応答は，Every Sunday.「毎週日曜日よ」。

(4) 解答 3

☆：Adam, is your school band playing at the City Festival next Saturday?
★：Yes. Here is a ticket.
☆：Oh, thanks. How much is it?
1 It is very cold.
2 It is seven o'clock.
3 It is free.

☆：アダム，あなたの学校のバンドは次の土曜日に，市のフェスティバルで演奏するの？
★：うん。ここにチケットがあるよ。
☆：わあ，ありがとう。いくらなの？
1 とても寒いね。
2 7時だよ。
3 無料だよ。

解説 How much ～？は「～はいくらですか」

と価格を尋ねる表現。女性はアダムに学校のバンドが市のフェスティバルで演奏することを聞き，チケットがいくらかと尋ねている。これに対する適切な応答は，It is free.「無料だよ」の**3**。How much ～？にはふつう値段を表す数で答えるが，ここでは違うことに注意。**2**の seven o'clock. と間違えないように。

問題 ⇒ 本冊 p.75

合格
LESSON
19 やってみよう！
🎵 18

(1) 解答 3

☆：I made this soup for you.
★：It's good. You cook very well!
☆：Thanks. Do you like cooking, too?
1 I like this soup.
2 Yes, it does.
3 No, I don't.

☆：あなたのためにこのスープを作ったわ。
★：おいしいよ。料理がとても上手だね！
☆：ありがとう。あなたも料理が好きなの？
1 このスープが好きだよ。
2 うん，そうなんだ。
3 ううん，僕は好きではないよ。

解説 Do you like ～ ing? は「～するのは好きですか」という意味の表現。女性はスープを男性にふるまった後，男性に料理が好きかと聞いている。適切な応答は，No, I don't.「ううん，僕は好きではないよ」と答えている**3**。you で問われているので，it で答えている**2**は誤り。

(2) 解答 3

★：How is the tea?
☆：It tastes great.
★：Do you want some more?
1 Yes, I am full.
2 Yes, I did it for you.
3 Yes, please.

★：お茶はどうかな？

☆：おいしいわ。

★：もっとほしい？

1 ええ，私はお腹がいっぱいなの。

2 ええ，あなたのためにそれをしたわ。

3 ええ，お願いするわ。

解説　Do you want some more? は「もっとほしいですか」という意味の表現。男性が女性に対して，おかわりがほしいかと尋ねている。適切な応答は，Yes, please.「ええ，お願いするわ」と答えている**3**。**1**と**2**も Yes「はい」と答えているが，「お腹がいっぱいなの」や「あなたのためにそれをしたわ」と続けていて，話の流れに合わない。

(3) 解答　**1**

☆：You didn't come to school yesterday.

★：I had a cold. I was sick in bed.

☆：Are you OK now?

1 I still have a headache.

2 It's a nice day.

3 At the station.

☆：あなたは昨日学校に来なかったね。

★：かぜをひいたんだよ。具合が悪く寝ていたんだ。

☆：今は大丈夫なの？

1 まだ頭痛がするよ。

2 良い天気だね。

3 駅でだよ。

解説　昨日はかぜをひいて寝ていたという男の子に，女の子が Are you OK now?「今は大丈夫なの？」と体調を聞いている。適切な応答は，I still have a headache.「まだ頭痛がするよ」と答えている**1**。still は「今もなお」という意味。

(4) 解答　**2**

☆：You have a nice watch!

★：Thanks. I bought it in Japan.

☆：Is it old?

1 That's OK.

2 Very old.

3 It was expensive.

☆：あなたはすてきなうで時計を持っていますね！

★：ありがとう。日本で買ったんです。

☆：それは古いですか。

1 大丈夫です。

2 とても古いです。

3 高かったです。

解説　うで時計を日本で買ったと話す男性に，女性が Is it old? は「それは古いですか」と尋ねている。適切な応答は，Very old.「とても古いです」と答えている**2**。It is very old. の It is が省略されていることに注意。

合格
LESSON
20 やってみよう！　🎵 **20**

(1) 解答　**2**

★：Hi, Mika.

☆：Hi, Chris. You look really happy. What happened?

★：I got a good score on the math test.

1 I'm home.

2 That's great.

3 Just fine, thanks.

★：こんにちは，ミカ。

☆：こんにちは，クリス。あなたはとてもうれしそうね。どうしたの？

★：数学のテストで良い点が取れたんだ。

1 ただいま。

2 すごいわね。

3 大丈夫よ，ありがとう。

解説　うれしそうにしているクリスにミカが理由を尋ねると，クリスは I got a good score on the math test.「数学のテストで良い点が取れたんだ」答えている。これに対するミカの応答として適切なのは，That's great.「すごいわね」と感想を伝えている**2**。

(2) 解答 **1**

★ : This beach is very beautiful.
☆ : Yes, it looks like a painting.
★ : Let's go swimming tomorrow.
1 Good idea.
2 Same to you.
3 I like painting, too.

★ : このビーチはとてもきれいだね。
☆ : ええ，まるで絵のようね。
★ : 明日，泳ぎに行こうよ。
1 良い考えね。
2 あなたもね。
3 私も絵を描くのが好きよ。

解説 Let's ～ . は「～しましょう」と誘う表現。男の子が Let's go swimming tomorrow.「明日は泳ぎに行こうよ」と女の子に言っているので，これに対する女の子の応答として適切なのは，Good idea.「良い考えね」と答えている **1**。That is a good idea. の That is a が省略されている。

(3) 解答 **1**

☆ : I had a good time with you today.
★ : See you tomorrow, Saori!
☆ : Have a good night!
1 You, too.
2 By bus.
3 Please come in.

☆ : 今日はあなたと楽しい時間が過ごせたわ。
★ : また明日，サオリ！
☆ : おやすみなさい！
1 君もね。
2 バスで。
3 どうぞ入って。

解説 Have a good night!「おやすみなさい！［良い夜を！］」と女性が言っている。このあいさつの表現に対する男性の応答として適切なのは，You, too.「君もね」と答えている **1**。

(4) 解答 **3**

★ : Excuse me.
☆ : May I help you?
★ : Can you read this for me? I cannot read Japanese.
1 Let's go there.
2 At a library.
3 Of course I can.

★ : すみません。
☆ : お手伝いしましょうか。
★ : これを私に読んでくれますか。私は日本語が読めないのです。
1 そこに行きましょう。
2 図書館で。
3 もちろんいいですよ。

解説 Excuse me. と男性に言われて女性は，May I help you?「お手伝いしましょうか」と助けてあげようとしている。男性はそれに対して Can you read this for me? I cannot read Japanese.「これを私に読んでくれますか。私は日本語が読めないのです」と告げているので，適切な応答は，Of course I can.「もちろんいいですよ」の **3**。

問題 ➡ 本冊 p.79

合格 LESSON **21** やってみよう！ 🎵 **22**

(1) 解答 **3**

☆ : Happy holidays, Tom!
★ : Happy holidays, Akiko! Where are you going during the holidays?
☆ : I'm going to Hawaii. How about you?
1 I also speak Japanese.
2 It's too early.
3 I'll stay home.

☆ : 楽しい休暇を，トム！
★ : 楽しい休暇を，アキコ！ 休暇中はどこへ行く予定なの？
☆ : ハワイに行く予定よ。あなたはどうなの？

1 僕は日本語も話せるよ。
2 早すぎるよ。
3 家にいるよ。

解説　男の子が休暇中の過ごし方について尋ねると，女の子は I'm going to Hawaii.「ハワイに行く予定よ」と言い，続けて How about you?「あなたはどうなの？」と男の子に聞いている。これに対する適切な応答は，自分がどのように休暇中に過ごすのかを答えている **3**。

(2)　解答　**2**

☆：Excuse me, sir.
★：Yes?
☆：Can I sit here?
1 Me, too.
2 Sure.
3 It's very far.

☆：すみません。
★：はい？
☆：ここに座ってもいいですか。
1 私もです。
2 いいですよ。
3 それはとても遠いです。

解説　Can I ～ ? は「～してもいいですか」と許可を求めるときの表現。女性が男性に話しかけて，Can I sit here?「ここに座ってもいいですか」と尋ねている。これに対する適切な応答は，Sure.「いいですよ」と答えている **2**。

(3)　解答　**1**

☆：It's windy again.
★：That's too bad.
☆：Can we go skiing now?
1 Not today.
2 Here you are.
3 I'm very glad.

☆：また風が強いわ。
★：それはよくないね。
☆：今からスキーに行けるかしら。

1 今日はだめだね。
2 はい，どうぞ。
3 とてもうれしいよ。

解説　風が強いことを告げた女の子は，父親に Can we go skiing now?「今からスキーに行けるかしら」と聞いている。適切な応答は，Not today.「今日はだめだね」と答えている **1**。go skiing は「スキーに行く」。

(4)　解答　**3**

☆：Hi, Robert.
★：Hi, Meg. What are you doing here?
☆：I am carrying these chairs to the second floor. Can you help me?
1 Let's meet there.
2 I can swim very well.
3 Of course.

☆：こんにちは，ロバート。
★：やあ，メグ。ここで何をしているの？
☆：これらのいすを2階へ運んでいるの。手伝ってもらえる？
1 そこで会おうよ。
2 僕はとてもうまく泳ぐことができるよ。
3 もちろん。

解説　Can you ～ ? は「～してもらえますか」と依頼するときの表現。いすを運んでいる女の子が Can you help me?「手伝ってもらえる？」と男の子に頼んでいる。これに対する適切な応答は，Of course.「もちろん」と答えている **3**。

問題 ➡ 本冊 p.80～81

(1)　解答　**2**

★：What are your plans for summer?
☆：I'll go to France.
★：Sounds great. When will you leave?
1 On the floor.
2 Next Sunday.
3 No, thanks.

★：夏の君の予定は何？
☆：フランスに行くの。
★：すごいね。いつ出発するの？
1 床の上に。
2 次の日曜日に。
3 いいえ，結構です。

解説 When ～ ? は「いつ～？」という日時や時刻を尋ねる表現。夏にフランスに行くと言う女性に，男性が When will you leave?「いつ出発するの？」と聞いている。これに対する女性の応答としては，Next Sunday.「次の日曜日に」と曜日を答えている **2** が適切。

(2) 解答 **3**

☆：Did you eat sushi at the party?
★：I had a lot.
☆：Was it good?
1 I was late.
2 That's too bad.
3 Yes, I liked it.

☆：パーティーでおすしを食べたの？
★：たくさん食べたよ。
☆：それはおいしかったの？
1 遅れたよ。
2 それはお気の毒に。
3 うん，気に入ったよ。

解説 パーティーでおすしをたくさん食べたと話している男の子に，女の子が Was it good?「それはおいしかったの？」と尋ねている。この質問に自然につながる応答を選ぶ。Yes, I liked it.「うん，気に入ったよ」が適切。

(3) 解答 **3**

★：The concert starts in 30 minutes.
☆：But the next bus won't come for 15 minutes.
★：Then we should take a taxi.
1 I don't have it.
2 Have a good day.
3 Let's do that.

★：コンサートはあと 30 分で始まるよ。
☆：でも次のバスは 15 分間来ないわ。
★：それじゃあ，タクシーに乗った方がいいね。
1 私は持っていないわ。
2 良い 1 日を。
3 そうしましょう。

解説 30 分後にコンサートが始まると言う男性に，女性が次のバスはあと 15 分間来ないと答えている。それに対して男性が we should take a taxi「タクシーに乗った方がいい」と提案しているのを聞き取ろう。女性の応答として適切なのは，Let's do that.「そうしましょう」と答えている **3**。

(4) 解答 **2**

☆：Hello.
★：Can I help you?
☆：I'm looking for a business bag.
1 Why do you like it?
2 How about this black one?
3 What is this?

☆：こんにちは。
★：いらっしゃいませ。
☆：仕事用のかばんを探しているのですが。
1 どうしてそれが好きなのですか。
2 この黒いかばんはいかがですか。
3 これは何ですか。

解説 I'm looking for a business bag.「仕事用のかばんを探しているのですが」と話す女性に，男性店員が答える内容として自然なものを選ぶ。How about this black one?「この黒いかばんはいかがですか」が適切。How about ～ ? は「～はいかがですか」という意味。

(5) 解答 **2**

★：Excuse me. I'd like to go to the museum.
☆：Then, you should take the bus.
★：Which bus should I take?
1 It is far.

2 No. 3.

3 I like paintings.

★：すみません。美術館に行きたいのですが。

☆：では，バスに乗るといいですよ。

★：どのバスに乗ればいいですか。

1 遠いです。

2 3番です。

3 絵画が好きです。

解説　Which 〜？で「どちらの〜？」と尋ねる表現。Which bus should I take?「どのバスに乗ればいいですか」と尋ねる男性に，女性が答える内容として自然なものを選べばよい。No. 3.「3番です」が適切。

---

(6)　解答　**2**

☆：Do you like ABC Restaurant?

★：Yes, I do.

☆：Do you often go there?

1 In my car.

2 Yes, every Saturday.

3 In town.

☆：ABC レストランは好き？

★：うん，好きだよ。

☆：そこにはよく行くの？

1 車の中に。

2 うん，毎週土曜日に。

3 町に。

解説　ABC レストランが好きかと尋ねた女の子に，男の子が Yes と答えている。女の子は続けて Do you often go there?「そこにはよく行くの？」と質問しているが，この there は ABC Restaurant「ABC レストラン」を指している。これに対する自然な応答は，**2** の Yes, every Saturday.「うん，毎週土曜日に」。

---

(7)　解答　**2**

☆：I have a headache.

★：You should go to bed now.

☆：You're right.　Can you wash the dishes?

1 Have fun.

---

2 OK, I will.

3 Good to see you.

☆：頭が痛いわ。

★：すぐに寝た方がいいよ。

☆：そうね。食器を洗っておいてくれる？

1 楽しんでね。

2 うん，やっておくよ。

3 会えてよかったよ。

解説　頭が痛いと訴えている女性に男性が寝ることをすすめると，女性は同意した後で，Can you wash the dishes?「食器を洗っておいてくれる？」と頼みごとをしている。これに対する適切な応答は，OK, I will.「うん，やっておくよ」と答えている**2**。

---

(8)　解答　**2**

☆：Your coffee is very good.

★：Thank you.

☆：Can I have more, please?

1 You, too.

2 Sure.

3 It looks good.

☆：あなたのコーヒーはとてもおいしいわ。

★：ありがとう。

☆：もっともらえる？

1 君もね。

2 いいよ。

3 良さそうだね。

解説　男性のコーヒーについてほめた後，Can I have more, please?「もっともらえる？」と頼む女性に対して自然な応答を選べばよい。Sure.「いいよ」が適切。Can I have 〜？は「〜をもらえますか」と依頼する表現。

1 本を返す。　　　**2** 本を借りる。

3 本を買う。　　　**4** 本を書く。

(1) 解答 **3**

★：Laura, what's your plan for the vacation?

☆：I'm going to visit my aunt in Japan. She lives in Tokyo.

★：That sounds fun. Are you going alone?

☆：No, I'm going there with my mom.

Question: Who is Laura going to visit?

★：ローラ，休暇の予定は何？

☆：日本にいるおばを訪ねるの。彼女は東京に住んでいるのよ。

★：楽しそうだね。一人で行くのかい？

☆：いいえ，私は母と一緒にそこへ行くのよ。

質問：ローラは誰を訪ねるつもりですか。

1 彼女の母親。　　　**2** 彼女の父親。

3 彼女のおば。　　　**4** 彼女のおじ。

解説　ローラが誰を訪ねる予定かという問題。休暇の予定を尋ねた男性に対し，ローラは I'm going to visit my aunt in Japan.「日本にいるおばを訪ねるの」と答えている。このことから，ローラは「おば」を訪ねることが分かる。**3** が正解。

(2) 解答 **1**

★：Excuse me. Is this your book?

☆：Yes. Thank you, Jack!

★：It was on the bench over there.

☆：You helped me a lot. I have to return it to the library today.

Question: What does the girl have to do today?

★：あのー。これ君の本かな？

☆：ええ。ありがとう，ジャック！

★：あそこのベンチにあったよ。

☆：とても助かったわ。今日は図書館にそれを返さなければならないの。

質問：今日，女の子は何をしなくてはなりませんか。

解説　女の子が今日，何をしなくてはならないかという問題。女の子の最後の発話で，I have to return it to the library today.「今日は図書館にそれを返さなければならないの」と言っている。その前の対話の流れから図書館に返すものは，女の子がベンチに置き忘れた本のことだと考えられる。**1** が正解。

(3) 解答 **4**

☆：Hello.

★：Hello, this is Jake. Is this Diana?

☆：No, I'm her mom. She is still at school. She will call you back later.

★：Thank you.

Question: Who answered the phone?

☆：こんにちは。

★：こんにちは，ジェイクです。そちらはダイアナですか。

☆：いいえ，彼女の母よ。彼女はまだ学校にいるわ。彼女は後であなたに電話します。

★：ありがとうございます。

質問：誰が電話を受けましたか。

1 ジェイク。　　　**2** ダイアナ。

3 ジェイクの母。　　　**4** ダイアナの母。

解説　電話を受けたのは誰かという問題。男性の 1 回目の発話で Hello, this is Jake. Is this Diana?「こんにちは，ジェイクです。そちらはダイアナですか」とあり，ジェイクがダイアナに電話をしていることが分かる。電話の会話では自分のことも相手のこともはじめは this で表す。これに応答している女性は，「いいえ，彼女の母よ」と言っていることから，電話に出たのは，ダイアナの母であることが分かる。正解は **4**。

(4) 解答 **4**

☆：Kevin, let's have a birthday party for Meg.

★ : Sure. Let's talk to the other classmates about it.
☆ : I want to give her a surprise party.
★ : Lisa, that's a nice idea!
Question: Whose birthday party will they have?

☆ : ケビン，メグの誕生日パーティーをしようよ。
★ : いいよ。それについて他のクラスメートに話してみよう。
☆ : 私は彼女に，サプライズパーティーをしてあげたいわ。
★ : リサ，それは素晴らしいアイデアだね！
質問：彼らは誰の誕生日パーティーを開きますか。
1 ケビンの。　　**2** リサの。
3 ティムの。　　**4** メグの。

解説　対話している2人が，誰の誕生日パーティーを開くかという問題。女性が最初にKevin, let's have a birthday party for Meg.「ケビン，メグの誕生日パーティーをしようよ」と述べている。**4**が正解。ケビンやリサの名前が対話の中に出てくるが，惑わされないように。

問題 ➡ 本冊 p.85

合格 LESSON **23** やってみよう！

🎵 27

(1) 解答 **3**

☆ : Let's go fishing next Saturday.
★ : That sounds fun, but I have to go to the dentist around noon.
☆ : Then how about Sunday?
★ : That's fine with me.
Question: When will the boy go to the dentist?

☆ : 次の土曜日に釣りに行こうよ。
★ : 楽しそうだけど，昼ごろに歯医者に行かなければならないんだ。
☆ : じゃあ，日曜日はどう？
★ : それなら大丈夫だよ。

質問：男の子はいつ歯医者に行きますか。
1 木曜日。　　**2** 金曜日。
3 土曜日。　　**4** 日曜日。

解説　男の子がいつ歯医者に行くかという問題。女の子ははじめに Let's go fishing next Saturday.「次の土曜日に釣りに行こうよ」と男の子を誘っている。これに対し，男の子は「昼ごろに歯医者に行かなければならないんだ」と答えている。このことから，男の子が歯医者に行くのは「土曜日」であることが分かる。**3**が正解。around noon は「昼ごろ」という意味。

(2) 解答 **3**

☆ : Excuse me.
★ : Yes. Can I help you?
☆ : Where is the city hall? Is it near this park?
★ : No, but it is near my school. I'll take you there.
Question: What is near the city hall?

☆ : すみません。
★ : はい。お手伝いしましょうか。
☆ : 市役所はどこですか。この公園の近くでしょうか。
★ : いいえ，でも，それは僕の学校の近くにあります。僕がそこへお連れします。
質問：市役所の近くに何がありますか。
1 男の子の家。　　**2** 駅。
3 男の子の学校。　　**4** 公園。

解説　市役所の近くに何があるかという問題。市役所の場所を尋ねる女性に対し，男の子は it is near my school「それは僕の学校の近くにあります」と答えている。**3**が正解。city hall は「市役所」という意味。near という言葉の後に注意しよう。

(3) 解答 **2**

★ : Hi, Lucy. How are you doing?
☆ : I just came back from Hawaii. It was great!

★：How long did you stay there?

☆：I stayed there for a week.

Question: How long did Lucy stay in Hawaii?

★：こんにちは，ルーシー。どうしてる？

☆：私はちょうどハワイから戻ってきたところよ。素晴らしかったわ！

★：どのくらいそこに滞在したの？

☆：１週間そこに滞在したわ。

質問：ルーシーはハワイにどのくらい滞在しましたか。

1 ３日間。　　**2** １週間。
3 １０日。　　**4** １カ月。

解説　ルーシーがどのくらいハワイに滞在したかという問題。ハワイから帰ってきたと話すルーシーに，男性が How long did you stay there?「どのくらいそこに滞在したの？」と尋ね，ルーシーは，I stayed there for a week. と答えているので，**2** が正解。for a week は「１週間」という意味。

(4)　**解答**　**2**

☆：Hi, Tim!

★：Hi, Janet! Are you studying here?

☆：Yes. I study in the library every Sunday. How about you?

★：I just came here to borrow books.

Question: What does Janet do in the library every Sunday?

☆：こんにちは，ティム！

★：こんにちは，ジャネット！ 君はここで勉強しているの？

☆：うん。私は毎週日曜日に図書館で勉強するの。あなたは？

★：僕はここに本を借りに来ただけだよ。

質問：ジャネットは毎週日曜日に図書館で何をしますか。

1 ビデオを見る。　　**2** 勉強する。
3 本を返す。　　**4** 本を借りる。

解説　ジャネットが毎週日曜日に図書館で何

をするかという問題。男の子に，「君はここで勉強しているの？」と聞かれたジャネットは，I study in the library every Sunday.「私は毎週日曜日に図書館で勉強するの」と答えている。**2** が正解。

問題 ➡ 本冊 p.87

合格 LESSON 24　やってみよう！　♪ 29

(1)　**解答**　**4**

Today, I went swimming with Eri and James at the beach. It was a very clear, hot day. James gave us cold orange juice. James's mother made it for us in the morning.

Question: Who made orange juice?

今日，私はエリとジェームズと一緒に海辺へ泳ぎに行きました。とても晴れていて，暑い日でした。ジェームズは私たちに冷たいオレンジジュースをくれました。ジェームズのお母さんが朝，私たちのためにそれを作ってくれたのです。

質問：誰がオレンジジュースを作ったのですか。

1 エリが。　　**2** エリの母が。
3 ジェームズが。　　**4** ジェームズの母が。

解説　誰がオレンジジュースを作ったかという問題。３つ目の文に，James gave us cold orange juice.「ジェームズは私たちに冷たいオレンジジュースをくれました」とあり，続く４つ目の文で James's mother made it「ジェームズのお母さんがそれを作ってくれたのです」と述べられている。**4** が正解。

(2)　**解答**　**1**

Yesterday, my uncle played the piano in a concert at the city music hall. I went there with my mom and my sister. My dad couldn't come because he was at work.

Question: Who played the piano?

昨日，僕のおじは市の音楽ホールのコンサートでピアノを演奏しました。僕は母と姉［妹］と一緒にそこに行きました。父は仕事中だったので来られませんでした。

質問：誰がピアノを演奏したのですか。
1 男の子のおじが。　　**2** 男の子の母親が。
3 男の子の姉［妹］が。　**4** 男の子の父親が。

解説　誰がピアノを演奏したのかという問題。1つ目の文で，my uncle played the piano in a concert「僕のおじはコンサートでピアノを演奏しました」と言っている。発話者が男の子なので，ピアノを演奏したのは「男の子のおじ」であると分かる。英文中に，「母」，「父」，「姉［妹］」が出てきているが，誤ってそれらの選択肢を選ばないように。

(3)　**解答**　**3**

I ate a lot of sandwiches for lunch today. In the evening, my mom made me fried fish. I love fried fish, but I couldn't eat it today because I was still full.
Question: Why didn't he eat the fried fish?

僕は今日，昼食にサンドイッチをたくさん食べました。夕方，母がフライドフィッシュを作ってくれました。フライドフィッシュは大好きですが，まだお腹がいっぱいだったので，今日は食べられませんでした。

質問：なぜ彼はフライドフィッシュを食べなかったのですか。
1 彼はかぜをひいていた。
2 彼は疲れていた。
3 彼はお腹がすいていなかった。
4 彼は魚が好きではなかった。

解説　男の子がフライドフィッシュを食べられなかった理由を問う問題。冒頭で，I ate a lot of sandwiches ...「サンドイッチをたくさん食べた」ことを，それに続けて母親が作ってくれたフライドフィッシュについて，I couldn't eat it today because I was still full「まだお腹がいっぱいだったので，今日は食べられません

でした」と言っている。これらのことから**3**が正解。

(4)　**解答**　**4**

I'm sleepy today. I couldn't sleep last night because it rained very hard. Early in the morning, the rain stopped and I finally went to sleep.
Question: What was the girl's problem?

私は今日，眠いです。昨夜雨がとても激しく降ったので眠れなかったのです。朝早くに雨が止み，やっと眠りにつきました。

質問：女の子の問題は何でしたか。
1 彼女は寝すぎた。
2 彼女は学校に遅刻した。
3 彼女は一生けんめい勉強しなかった。
4 彼女はよく眠れなかった。

解説　女の子の問題は何かという質問。女の子は冒頭で I'm sleepy today.「私は今日，眠いです」と言っており，その理由を I couldn't sleep last night「昨夜眠れなかったのです」と説明している。これが女の子の問題と考えられるので，**4**が正解。went to sleep は go to sleep「眠りにつく」の過去形。

問題 ⇒ 本冊 p.89

(1)　**解答**　**3**

Last Wednesday, I lost my phone. I left it on the train. I went to the station, and I got it back on Friday.
Question: When did she get her phone back?

この前の水曜日，私は電話をなくしました。列車の中にそれを置き忘れたのです。私は金曜日に駅に行き，それを取り戻しました。

質問：彼女はいつ電話を取り戻しましたか。
1 水曜日に。　　**2** 木曜日に。
3 金曜日に。　　**4** 土曜日に。

解説 女性がいつ電話を取り戻したかという問題。Last Wednesday「この前の水曜日」に、電話を列車の中に忘れたことが述べられている。3文目で I went to the station, and I got it back on Friday.「金曜日に駅に行き，それを取り戻しました」とあるので，**3**が正解。

(2) 解答 **2**

I got good scores on the math and history exams today. My parents were happy to hear that. I am not good at math, and my brother taught it to me for a week.
Question: What did the girl's brother teach her?

私は今日，数学と歴史の試験で良い点数を取りました。私の両親はそれを聞いて喜びました。私は数学が得意でないので，兄が1週間私にそれを教えてくれたのです。
質問：女の子の兄は彼女に何を教えましたか。
1 理科。　　**2 数学。**
3 歴史。　　**4** 英語。

解説 女の子の兄が彼女に何を教えたかという問題。女の子は最後の文で，I am not good at math, and my brother taught it to me「私は数学が得意でないので，兄が私にそれを教えてくれました」と言っている。**2**が正解。be good at 〜は「〜が得意だ」という意味。taught は teach の過去形。

(3) 解答 **1**

Last Sunday, my father started running. He ran hard on Sunday and Monday. On Tuesday, it rained. He didn't run. The next day, he forgot about running.
Question: When did the boy's father begin running?

この前の日曜日，父はランニングを始めました。彼は日曜日と月曜日に一生けんめい走りました。火曜日は雨が降りました。彼は走りませんでした。翌日，彼はランニングのことを忘れました。

質問：男の子の父は何曜日にランニングを始めましたか。
1 日曜日。　　**2** 月曜日。
3 火曜日。　　**4** 水曜日。

解説 男の子の父は何曜日にランニングを始めたのかという問題。冒頭に Last Sunday, my father started running.「この前の日曜日，父はランニングを始めました」とあるので**1**が正解。英文中に他の曜日も出てくるが，本文の started が質問では (did) begin と言い換えられていることに注意して聞き取るとよい。

(4) 解答 **2**

Yesterday evening, I went to a restaurant. Usually, I have dinner with my parents at home, but yesterday they went to a concert. I ate pizza with my friends.
Question: Where does she usually eat in the evening?

昨日の夕方，私はレストランに行きました。ふだんは家で両親と夕食を食べますが，昨日彼らはコンサートに行ったのです。私は友人たちとピザを食べました。
質問：彼女はふだん，夕食をどこで食べますか。
1 レストランで。
2 自宅で。
3 コンサートホールで。
4 彼女のオフィスで。

解説 女性がふだんはどこで夕食を食べるかという質問。2つ目の文で，Usually, I have dinner ... at home「ふだんは家で…夕食を食べます」と言っているので，**2**が正解。usually は「ふだんは，いつもは」という意味。質問の does からもいつものことを聞かれていると分かる。

🎵 33

(1) 解答 **4**

Yesterday, I went to a movie. My father took me there. The movie was interesting. I ate popcorn and my father had some coffee during the movie.

Question: What is the boy talking about?

昨日，僕は映画に行きました。父が僕を連れて行ってくれたのです。その映画は面白かったです。映画の間に，僕はポップコーンを食べて，父はコーヒーを飲みました。

質問：男の子は何について話していますか。

1 彼の一番好きな作家。　　**2** 彼の兄弟。
3 コーヒー店。　　　　　　**4** 映画館。

解説　男の子が何について話しているかという問題。最初の Yesterday, I went to a movie.「昨日，僕は映画に行きました」で話題が示され，それ以降，映画館に行った経緯やそこで何をしたかなどの説明が続いている。

(2) 解答 **3**

Last Sunday, I made curry for my family. It tasted very good to me, but my little brother didn't like it. It was too hot for him.

Question: What is the girl talking about?

この前の日曜日，私は家族のためにカレーを作りました。それは私にはとてもおいしかったのですが，私の弟はそれが好きではありませんでした。彼には辛すぎたのです。

質問：女の子は何について話していますか。

1 彼女のクッキー。　　**2** 彼女の両親。
3 彼女の料理。　　　　**4** 彼女の夏休み。

解説　女の子は何について話しているかという問題。女の子が日曜日にカレーを作ったことが述べられた後に，作ったカレーについての弟の反応が続いている。話題は彼女の作ったカレーなので，**3** が正解。

(3) 解答 **1**

Attention please. The train for South Port Station will arrive ten minutes late. We are very sorry. Please wait for a while. Thank you.

Question: Where is the man talking?

お知らせします。サウスポート駅行きの列車は 10 分遅れで到着します。大変申し訳ございません。しばらくお待ちください。よろしくお願いします。

質問：男性はどこで話しているのですか。

1 駅で。　　　　　**2** 警察署で。
3 公園で。　　　　**4** 空港で。

解説　男性が話している場所を問う問題。1つ目の文では，Attention please.「お知らせします」と人々に呼びかけ，2つ目の文で，The train for South Port Station will arrive ...「サウスポート駅行きの列車は…到着します」と述べられていることから，これが駅でのアナウンスであることが分かる。for ～ は行き先を表す。

(4) 解答 **3**

Merry Christmas! You can buy many kinds of meat, fish, vegetables and Christmas cake at very low prices today! Don't miss this big chance and enjoy your shopping!

Question: Where is the woman talking?

メリークリスマス！ 今日はたくさんの種類の肉，魚，野菜，そしてクリスマスケーキをとてもお安い価格でご購入いただけます！ この大きなチャンスをお見逃しなく，お買い物をお楽しみください！

質問：女性はどこで話していますか。

1 病院で。　　　　　　　**2** 図書館で。
3 スーパーマーケットで。　　**4** 学校で。

解説　女性はどこで話しているかという問題。2つ目の文で，「肉や魚や野菜，そしてクリスマスケーキ」などが「安い価格で購入」できることを述べ，最後の文で「お買い物をお楽しみ

ください！」と言っている。このことから，食品を売っている場所でのアナウンスであると分かる。正解は **3**。

問題 ➡ 本冊 p.92～93

合格 LESSON 22～26 チェックテスト
🎵 34 ～ 🎵 35

(1) 解答 2

★ : Amy, happy birthday!
☆ : Thank you, Jim!
★ : My mom made a cake for you.
☆ : It looks good. Thanks!
Question: Who made the cake?

★ : エイミー，誕生日おめでとう！
☆ : ありがとう，ジム！
★ : 母が君にケーキを作ったんだ。
☆ : おいしそうね。ありがとう！
質問：誰がケーキを作りましたか。
1 ジムが。　　　**2** ジムの母が。
3 エイミーが。　**4** エイミーの母が。

解説　誰がケーキを作ったかという質問。ジムはエイミーに誕生日のお祝いを伝えた後，My mom made a cake for you.「母が君にケーキを作ったんだ」と言っているので，ケーキを作ったのはジムの母だと分かる。正解は **2**。mom made と m の音が続く部分が聞き取りにくいので音に慣れよう。

(2) 解答 1

★ : Hello, This is Mark. Is Meg home?
☆ : Sorry, but she's at school.
★ : OK. I'll call back later.
☆ : Thanks. She will come home soon.
Question: Where is Meg now?

★ : もしもし。マークです。メグは家にいますか。
☆ : ごめんなさい，彼女は学校にいるの。
★ : わかりました。後でまた電話します。
☆ : ありがとう。彼女はすぐに帰ってくるわ。

質問：メグは今どこにいますか。
1 学校に。　　　**2** 家に。
3 駅に。　　　　**4** マークの家に。

解説　メグが今どこにいるかという問題。メグは家にいるかと尋ねるマークに，メグの家族が she's at school「彼女は学校にいる」と答えているので，メグがいる場所は学校だと分かる。正解は **1**。

(3) 解答 4

★ : Hi, Kate.
☆ : Hi, Peter. Where are you going?
★ : I'm going to the library to study.
☆ : Oh, I just returned some books there.
Question: What is Peter going to do?

★ : やあ，ケイト。
☆ : こんにちは，ピーター。どこに行くところ？
★ : 図書館に勉強しに行くところなんだ。
☆ : あら，私はちょうどそこで本を返してきたところよ。
質問：ピーターは何をしようとしていますか。
1 何冊かの本を返す。
2 学校に行く。
3 雑誌を何冊か買う。
4 図書館で勉強する。

解説　ピーターはこれから何をするかという問題。ケイトにどこに行くところかと問われたピーターが，I'm going to the library to study.「図書館に勉強しに行くところなんだ」と答えているので，これが正解。**1** の「何冊かの本を返す」はケイトがしたこと。対話の going to the library to study が選択肢では study at the library に言い換えられている。

(4) 解答 1

★ : Hi, Cindy. Is your birthday today?
☆ : No. It was yesterday.
★ : I'm sorry. I forgot about it.
☆ : That's OK.

Question: When was Cindy's birthday?

★ : やあ，シンディ。君の誕生日は今日？
☆ : ううん。昨日だったの。
★ : ごめん。僕はそれを忘れていたよ。
☆ : いいのよ。
質問：シンディの誕生日はいつでしたか。
1 昨日。　　　　　　**2** 今日。
3 この前の日曜日。　　**4** この前の火曜日。

解説　シンディの誕生日はいつだったかという問題。誕生日は今日かと尋ねる男性に，女性（シンディ）は It was yesterday.「昨日だったの」と答えている。No. の後に正しい情報が述べられることに注意。正解は **1**。

(5) 解答 **1**

Last Monday, the weather was good in the morning. I went hiking with Sarah but it started raining in the afternoon. We didn't have umbrellas, so Sarah's brother came to meet us by car.
Question: Who came to help the boy and Sarah?

この前の月曜日，朝は天気が良かったです。僕はサラと一緒にハイキングに行きましたが，午後には雨が降り出しました。僕たちは傘を持っていなかったので，サラのお兄さんが，車で僕たちを迎えに来てくれました。
質問：誰が男の子とサラを助けに来ましたか。
1 サラの兄が。　　**2** 男の子の兄が。
3 サラの母が。　　**4** 男の子の母が。

解説　誰が男の子とサラを助けに来たかという問題。人を表す言葉の聞き取りがポイントとなる。2つ目の文と3つ目の文の前半で，ハイキングで雨が降り出したが傘を持っていなかったと述べた後，3つ目の文の後半で Sarah's brother came to meet us by car.「サラのお兄さんが車で僕たちを迎えに来てくれました」と言っている。これを質問文では came to help the boy and Sarah「男の子とサラを助けに来た」と言い換えているので，**1** が正解。

(6) 解答 **2**

Yesterday, Amelia went on a picnic with David. She got up early and made sandwiches, but she left them at home. She was very sad.
Question: Why was Amelia sad?

昨日，アメリアはデイビッドとピクニックに行きました。彼女は早く起きてサンドイッチを作りましたが，それを家に置き忘れてしまいました。彼女はとても悲しかったです。
質問：アメリアはなぜ悲しかったのですか。
1 彼女はサンドイッチを作れなかった。
2 彼女は自分のサンドイッチを忘れた。
3 デイビッドはサンドイッチを作らなかった。
4 デイビッドは彼女のサンドイッチが好きではなかった。

解説　なぜアメリアは悲しかったのかという問題。アメリアの行動がポイントになる。2つ目の文に，アメリアは早く起きてサンドイッチを作ったが，それを家に置き忘れたとあり，彼女が悲しかった理由はそれなので，leave「〜を置き忘れる」の過去形 left を forget「忘れる」の過去形 forgot と言い換えた **2** が正解。

(7) 解答 **3**

Last Wednesday, Bob went to school by bus. He usually goes there by bike, but his bike was broken, so he took the bus. He met a lot of his friends on the bus.
Question: How does Bob usually go to school?

この前の水曜日，ボブはバスで学校に行きました。彼はふだん自転車でそこに行きますが，彼の自転車が壊れていたのでバスに乗りました。彼はバスの中でたくさんの友人に会いました。
質問：ボブはふだんどうやって学校に行きますか。
1 バスで。　　**2** 列車で。
3 自転車で。　　**4** 歩いて。

解説　ボブはふだんどうやって学校に通っているかを問う問題。質問の does, usually に注意して日ごろのことを答える。冒頭の文で Last Wednesday, Bob went to school by bus.「この前の水曜日，ボブはバスで学校に行きました」と述べているが，続く文に He usually goes there by bike「彼はふだん自転車でそこに行きます」とあるので，**3** が正解。broken は「壊れた」という意味。

(8) 解答 **2**

Thank you for shopping at Eastwood's. Our store hours are going to change. We will be open from 10 a.m. to 6 p.m. and have a big sale on winter clothes.
Question: Where is the man talking?

イーストウッズにご来店いただきありがとうございます。当店の営業時間が変わります。当店は午前 10 時から午後 6 時までの営業となり，冬物衣料の大売出しを開催します。
質問：男性はどこで話していますか。
1 図書館で。　　　**2** 店で。
3 レストランで。　**4** 学校で。

解説　男性が話している場所はどこかという問題。Thank you for shopping at ～.「～にご来店いただきありがとうございます」や，a big sale on winter clothes「冬物衣料の大売出し」などの表現から，店でのアナウンスだと分かるので **2** が正解。store hours は「営業時間」という意味。

そっくり模試 【解答一覧】

問題 ➡ 本冊 p.98〜109

解答欄

問題番号		1	2	3	4
1	(1)			●	
	(2)				●
	(3)		●		
	(4)	●			
	(5)	●			
	(6)				●
	(7)		●		
	(8)				●
	(9)		●		
	(10)				●
	(11)			●	
	(12)	●			
	(13)			●	
	(14)		●		
	(15)			●	

解答欄

問題番号		1	2	3	4
2	(16)				●
	(17)			●	
	(18)	●			
	(19)			●	
	(20)		●		
3	(21)	●			
	(22)			●	
	(23)			●	
	(24)	●			
	(25)				●
4	(26)	●			
	(27)			●	
	(28)		●		
	(29)				●
	(30)	●			
	(31)		●		
	(32)				●
	(33)	●			
	(34)			●	
	(35)			●	

リスニング解答欄

問題番号		1	2	3	4
	例題			●	
第1部	No.1	●			
	No.2		●		
	No.3			●	
	No.4	●			
	No.5			●	
	No.6	●			
	No.7			●	
	No.8			●	
	No.9			●	
	No.10	●			
第2部	No.11			●	
	No.12			●	
	No.13	●			
	No.14				●
	No.15		●		
	No.16				●
	No.17			●	
	No.18			●	
	No.19	●			
	No.20			●	
第3部	No.21	●			
	No.22	●			
	No.23			●	
	No.24	●			
	No.25			●	
	No.26		●		
	No.27			●	
	No.28		●		
	No.29				●
	No.30				●

(1) 解答 **3**

「ポールのオフィスは ABC ビルの **3 階**にある」

解説　オフィスがビルの「3 番目の～」にあると述べているので，空所に floor「階」を入れると，「3 階」となって意味が通る。course は「進路，コース」という意味。floor には「床」の意味もある。

1 course「進路」，**2** map「地図」，**4** world「世界」

(2) 解答 **4**

「私の英語の宿題は**難し**すぎたので，昨夜兄が手伝ってくれた」

解説　homework とのつながりから，英語の宿題がどのようなものであれば，兄が手伝ってくれるのかを考えればよい。difficult「難しい」が正解。too ～は「～すぎる」。

1 different「異なる」，**2** dirty「汚れた」，**3** dark「暗い」

(3) 解答 **2**

A:「これが私の電話番号です。明日の午後私**に電話して**くれますか」

B:「分かりました」

解説　A が B に電話番号を渡していることから，B に何をするように頼んでいるか推測しよう。call「～に電話する」が正解。

1 know「～を知っている」，**3** move「移動する，引っ越す」，**4** carry「～を運ぶ」

(4) 解答 **1**

「タカコは今夜の野球の試合のチケットを 2 枚持っています。彼女は父親と一緒に**スタジアム**へ行くつもりです」

解説　「野球の試合のチケット」を持っているタカコがどこへ行こうとしているのかを考えればよい。stadium「競技場，スタジアム」が正解。

他の選択肢もすべて場所を表す語だが，意味が通らない。

2 airport「空港」，**3** museum「博物館，美術館」，**4** farm「農場」

(5) 解答 **1**

A:「あなたは春の**休暇**に何か予定がありますか」

B:「家族と一緒に沖縄に行くつもりです」

解説　予定があるのは，「春の」何であるかを考えるとよい。B は家族と一緒に沖縄に行くつもりだと言っていることから，vacation「休暇」が正解。

2 culture「文化」，**3** practice「練習」，**4** weather「天気」

(6) 解答 **4**

「インターネットは非常に**便利**です。私たちは自宅で情報を得ることができます」

解説　「インターネットは～です」の次の文で，「自宅で情報を得ることができる」と，インターネットの便利さを説明していることから，useful「便利な」が正解。

1 high「高い」，**2** quiet「静かな」，**3** angry「怒った」

(7) 解答 **2**

A:「パティ，今たくさん雪が降っているわ。**ゆっくりと**運転してね」

B:「もちろんよ，お母さん」

解説　it's snowing から雪が降っていることが分かる。雪の中では車をどう運転すべきかを考えるとよい。slowly「ゆっくりと」が正解。

1 easily「簡単に」，**3** happily「楽しく」，**4** usually「ふだん」

(8) 解答 **4**

A:「オーストラリアでのホームステイはどうでしたか」

B:「素晴らしかったです。ホワイト夫人は私**に**とても親切でした」

解説　空所の前の was very kind と空所の後

ろの me をつなぐ言葉を考える。be kind to 〜
で「〜に親切である」という表現にすると意味
が通る。A の発話の How was 〜？は「〜はど
うでしたか」という意味。

(9) 解答 2

「私はこの映画が大好きです。**何度も見ました**」
解説 1つ目の文で「この映画が大好きです」
と言っている。続く文では空所の前後に again
があることに注目しよう。2つの again を and
でつないで，again and again「何度も，くり
返し」という熟語表現にすると「何度も（映画
を）見た」となり，文意が通る。

(10) 解答 4

「私の祖父は早く起きます。 彼は毎朝公園を
散歩します」
解説 空所の後ろの a walk「歩くこと，散歩」
と組み合わせて使える動詞を選ぶ。空所に take
を入れると take a walk で「散歩をする」とい
う表現になり，意味が通る。

(11) 解答 3

A:「こんにちは，ブラウンさん。はじめまし
て。どうぞ**お座り**ください」
B:「ありがとうございます」
解説 初対面のあいさつの場面。have a に
続く名詞として適切な名詞を考える。have a
seat で「席に座る」という意味になる。chair
は「いす」の意味だが，have a chair で「席に
座る」という意味にはならないので注意。

(12) 解答 1

「私は昨年の夏に北海道の多くの都市を訪れま
した。**例えば**，札幌や函館に行きました」
解説 北海道の多くの都市を訪れたと述べた
後に，「札幌や函館」と例をあげている。空所
に For を入れると，example「例」とつながっ
て For example,「例えば」という表現になり，
意味が通る。

(13) 解答 3

「私は放課後に図書館でマイクに会いました。
彼は**そこで勉強していました**」
解説 1つ目の文に I saw Mike ... after school.
「私は放課後に…マイクに会いました」とある
ことから，過去のことについての文だと読み取
れる。続く文の空所の後ろには studying があ
るので，〈過去の be 動詞＋動詞の ing 形〉で「〜
していた」を表す過去進行形を作るとよい。過
去の be 動詞は was か were だが，主語は He
なので was が正解。

(14) 解答 2

A:「**どのような種類の音楽が好きですか，ハ
ナ？**」
B:「ポップスが好きです」
解説 A の問いに，B は I like pop music.
「ポップスが好きです」とジャンルを答えてい
ることから，A は「どのような種類の音楽」
が好きかを聞いていると考えられる。空所に
What を入れると，What kind of 〜「どのよ
うな種類の〜」という意味になる。

(15) 解答 3

「今朝は晴れていましたが，1時間前に**雨が降
り始めました**」
解説 選択肢に rain「雨が降る」の変化形が並
んでいるので，start の後ろに続く動詞の形を
問う問題。start 〜 ing で「〜し始める」とい
う意味になるので，it started raining とする
と「雨が降り始めた」となり，文意が通る。it
started to rain とも言える。

(16) 解答 4

女性:「このかばんはとても重いです。運んで
いただけませんか」
男性:「もちろん，**いいですよ**」
女性:「手伝っていただき，ありがとうござい
ます」
1 それは素晴らしい。

2 どういたしまして。

3 幸運を。

4 いいですよ。

解説 　かばんを運んでくれるようにと頼む女性に対して，男性が Sure,「もちろん」と答えているので，この後に続く言葉として適切なものを考える。no problem「いいですよ［問題ありません］」が正解。You're welcome. は Thank you. に対する応答。

(17) 解答 **3**

姉：「疲れているみたいね。　昨夜はどのくらい寝たの？」

弟：「4 時間くらいだよ。午前 2 時まで勉強したんだ」

1 8 ドルだよ。

2 毎晩だよ。

3 4 時間くらいだよ。

4 とてもよく眠れるよ。

解説 　姉は How long 〜?「どのくらい長く〜?」と尋ねているので，弟は時間の長さを答えていると考えられる。about 〜で「〜くらい」という意味。

(18) 解答 **1**

女の子 1：「クリスマスパーティーが待ちきれないわ！　あなたは**何を着る予定なの？**」

女の子 2：「新しいピンクのシャツよ。父が私のためにそれを買ってくれたの」

1 何を着る予定なの？

2 どこで会う？

3 誰がパーティーに来るの？

4 いつそのドレスを買ったの？

解説 　2 人の女の子の会話。1 人の女の子の質問に対し，もう 1 人が A new pink shirt.「新しいピンクのシャツ」と答えているので，着る物についての質問だと考えられる。What are you going to wear?「何を着る予定なの？」を選ぶと会話が成立する。can't wait for 〜は「〜が待ちきれない」という意味。

(19) 解答 **3**

息子：「お腹がすいたよ。お母さん，今夜の夕食は何？」

母親：「**鶏肉にするわ**」

息子：「やった！　それは僕の大好物だ」

1 おじいちゃんとおばあちゃんと一緒に。

2 私も昼食を作るわ。

3 鶏肉にするわ。

4 7 時に食べましょう。

解説 　お腹がすいている息子が，「今夜の夕食は何？」と母親に聞いているので，この質問に対して適切な母親の応答を選べばよい。We'll have chicken.「鶏肉にするわ」が正解。

(20) 解答 **2**

男性：「もしもし，フレッドだよ。今話せる？」

女性：「ごめんなさい，**今，列車に乗っているの**。後でかけ直す」

1 こちらはアンです。

2 今，列車に乗っているの。

3 あなたはとても忙しいのね。

4 あなたは違う番号にかけています。

解説 　電話をかけてきた男性に，女性は Sorry, と言い，I'll call you back later.「後でかけ直すわ」と告げている。空所には，電話で話せない理由を述べていると推測できる。I'm on the train now.「今，列車に乗っているの」が正解。電話の表現として，This is 〜 .「こちらは〜です」や you have the wrong number「番号をお間違えです」も覚えておこう。

(21) 解答 **1**

正しい語順 　Are (you **good at painting** pictures) ?

解説 　be good at 〜ing で「〜することが得意だ」という意味になるが，疑問文なので be 動詞の Are が文の先頭に来ている。paint pictures で「絵を描く」という意味。線画なら draw pictures。

40

(22) 解答 3

正しい語順 Jane (is **a member of the swimming** club).

解説 「ジェーンは〜だ」という文なので，Jane is 〜 . の形にする。「〜のメンバー」は a member of 〜で表す。「水泳部」は swimming club。

(23) 解答 3

正しい語順 Junko (left **her umbrella** on **the bus** yesterday).

解説 「（場所に）〜を置き忘れる」は〈leave 〜（場所）〉で表すので，置き忘れたものを her umbrella「彼女の傘」，場所を on the bus「バスの中」と考えて文を組み立てよう。時間を表す yesterday「昨日」は文末に置く。left は leave の過去形。

(24) 解答 1

正しい語順 (Jack **is** as tall **as** my) father.

解説 「ジャックは〜だ」という文なので，Jack is で文を始める。「…と同じくらい〜」は as 〜 as ... で表すので，この形に tall と my father を当てはめて as tall as my (father) とする。

(25) 解答 2

正しい語順 My sister (can **speak** both **English** and) French.

解説 「〜することができる」は can 〜で表し，「〜」には動詞の原形が来る。「A と B の両方」を表すのは〈both A and B〉。both を置く位置がカギ。

(26) 解答 1

「イベントは何時に始まりますか」
1 午後 1 時に。　2 午後 2 時に。
3 午後 3 時に。　4 午後 4 時に。

解説 タイトルの下に This Month's School Event「今月の学校イベント」とあり，「イベン

ト」のお知らせであることが分かる。Time「時間」のところを見ると，「午後 1 時から午後 3 時」とあるので，イベントは午後 1 時に始まると考えられる。よって正解は **1**。

(27) 解答 3

「イベントの後で，するべきことは」
1 動物に食べ物をあげる。
2 野菜を育てる。
3 手を洗う。
4 多くの動物に触る。

解説 お知らせの最後の行に，After the event, don't forget to wash your hands!「イベントの後，手を洗うことを忘れないでください！」とあることから，忘れずにするべきことは **3**。

全訳 ══════════════

学級通信

今月の学校イベント
たくさんの種類の動物に会って触れ合おう！

日：9 月 20 日 金曜日
時間：午後 1 時から午後 3 時
場所：校庭
ハムスター，ウサギ，ポニーが私たちの学校にやってきます！ あなたの家族を連れてきて，一緒に動物に野菜をあげることができます。楽しいですよ。
イベントの後，手を洗うことを忘れないでください！

(28) 解答 2

「劇場はどこにありますか」
1 ショッピングセンターの中に。
2 5 番街に。
3 学校の隣に。
4 ジュリアの家の近くに。

解説 劇場の場所を尋ねる問題。1 通目のマイクの書いた E メールの本文，3 つ目の文に

「劇場は5番街のショッピングセンターの隣にあるよ」とあることから，**2**が正解。〈on＋通りの名前〉で「〜に面している」という意味。

(29) 解答 **4**

「マイクとジュリアは何時に会いますか」
1 午後1時に。　　**2** 午後1時30分に。
3 午後4時に。　　**4** 午後4時30分に。
解説　マイクとジュリアの会う時間について書かれている部分を探す。マイクのEメールの4つ目の文で，「劇場の前で午後4時30分に会おう」と言い，ジュリアは応答のEメールの3つ目の文で「午後4時30分までには劇場に行くことができるわ」と応じている。2人が会うのは「4時30分」なので**4**が正解。

(30) 解答 **1**

「ミュージカルの後，ジュリアは」
1 祖父母を訪問する。
2 マイクの家族と夕食を食べる。
3 サッカーの試合でプレーする。
4 彼女の母親と一緒に家に帰る。
解説　ジュリアがミュージカルの後にすることについて書かれている部分を探す。ジュリアのEメールの4つ目の文に After the musical, I will visit my grandparents「ミュージカルの後，私は祖父母を訪ねる」とあるので**1**が正解。また，同じ文の I can't join you for dinner「夕食にはご一緒できないの」から，**2**は誤りであることも分かる。

全訳

差出人：マイケル・ジェファーソン
あて先：ジュリア・クルーズ
日付：6月26日
件名：ミュージカル

こんにちは，ジュリア，
ミュージカルのチケットを2枚手に入れたんだ。今度の金曜日は空いている？　劇場は5番街のショッピングセンターの隣にあるよ。劇場の前で午後4時30分に会おう。ミュージカルの後，僕の家族と夕食を食べることができるよ。君が来られるといいな。

マイクより

差出人：ジュリア・クルーズ
あて先：マイケル・ジェファーソン
日付：6月26日
件名：喜んで！

こんにちは，マイク，
ありがとう！　そのミュージカルをとても見たいです！　私は学校で午後1時にサッカーの試合があるけれど，午後4時30分までには劇場に行くことができるわ。ミュージカルの後，私は母と一緒に祖父母を訪ねるので，夕食はご一緒できないの。ごめんなさい。
金曜日に会いましょう！
ジュリアより

(31) 解答 **3**

「リサは先月何をしましたか」
1 彼女は動物園を訪れた。
2 彼女は友人の家を訪れた。
3 彼女は校外学習に行った。
4 彼女は家族と一緒に高尾山に行った。
解説　リサが先月何をしたかを尋ねる問題。last month をヒントに文を読むと，第1段落の2つ目の文に last month, she went camping at Mt. Takao with her teacher and friends「先月は先生や友人と一緒に高尾山へキャンプに行きました」とある。次に It was a school trip「それは校外学習だった」と書かれているので，**3**が正解であると分かる。

(32) 解答 **4**

「リサと母親はなぜデパートに行ったのですか」
1 彼らはレインコートを買いたかった。
2 彼らはクッキーを食べたかった。
3 彼らはリサの友人に会わなければならなかった。
4 彼らはスケッチブックを買わなければならなかった。

文の中からリサと母親がデパートに行った理由が分かる部分を探すと，第2段落の最後の文に，「リサと彼女の母親はデパートに行き，そこでスケッチブックを買いました」とある。第1段落の3つ目の文に she had to take a raincoat and a sketchbook「彼女はレインコートとスケッチブックを持っていかなければなりませんでした」とあり，続く文で she didn't have a sketchbook「彼女はスケッチブックを持っていませんでした」とスケッチブックを買わなければならなかった理由が示されている。

(33) 解答 1

「どのようにしてリサと彼女のクラスは高尾山に行ったのですか」

1 バスで。　　　　　**2** 列車で。
3 リサの母親の車で。　**4** 先生の車で。

解説　リサたちが高尾山に行った手段を尋ねる問題。第3段落の1つ目の文に Lisa and her class went to Mt. Takao by bus.「リサと彼女のクラスはバスで高尾山に行きました」とあるので，**1** が正解。by bus は「バスで」。

(34) 解答 3

「リサはどこではがきを買いましたか」

1 スーパーマーケットで。
2 デパートで。
3 高尾山の店で。
4 駅近くの店で。

解説　リサがはがきを買った場所を尋ねる問題。第3段落の3つ目の文に There was a store on Mt. Takao, so she bought a postcard there「高尾山に店があったので，彼女はそこではがきを買った」とあるので **3** が正解。**1** のスーパーマーケットはリサが最初にスケッチブックを探した場所，**2** のデパートはスケッチブックを買った場所。

(35) 解答 3

「来年の夏にリサは」
1 友人とデパートへ行きたい。

2 母親のために美しい花を買いたい。
3 家族と一緒に高尾山に行きたい。
4 はがきを先生に送りたい。

解説　文中からリサが来年の夏にしたいことが書かれている部分を探す。next summer をヒントに文を読むと，第3段落の最終文に，She wants to visit Mt. Takao again with her family next summer.「彼女は来年の夏に家族と一緒にまた高尾山を訪れたいと思っています」とあるので **3** が正解。文中の visit が選択肢では go to と言い換えられている。

サマーキャンプ

　リサは山が大好きです。ふだんは家族とキャンプに行きますが，先月は先生や友人と一緒に高尾山へキャンプに行きました。それは校外学習だったので，彼女はレインコートとスケッチブックを持っていかなければなりませんでした。しかし，彼女はスケッチブックを持っていませんでした。

　ある日の午後，リサと母親はスーパーマーケットに行きました。男の人が「いらっしゃいませ」と言いました。「スケッチブックはありますか」とリサは聞きました。「申し訳ありませんが，当店にはございません。しかし，駅近くのデパートで買うことができますよ」と男の人は答えました。リサと母親はデパートに行き，そこでスケッチブックを買いました。

　リサと彼女のクラスはバスで高尾山に行きました。彼女たちが到着した後，リサはスケッチブックに花の絵をいくつか描きました。高尾山に店があったので，彼女はそこではがきを買って家族に送りました。彼女はまた，いくつかクッキーも買いました。彼女はそこでのキャンプを楽しみました。彼女は来年の夏に家族と一緒にまた高尾山を訪れたいと思っています。

リスニング

例題　解答　3

★ : Hi, I'm John.
☆ : Hello, my name is Cindy.
★ : Are you a student here?
1 That's great.
2 It's a nice day.
3 Yes, I am.

★ :「やあ，僕はジョンです」
☆ :「こんにちは，私の名前はシンディです」
★ :「あなたはここの生徒ですか」
1 いいですね。
2 良い天気です。
3 はい，そうです。

No. 1　解答　1

★ : What did you do last weekend?
☆ : I went on a trip to Kyoto.
★ : How was it?
1 It was great.
2 By car.
3 With my father.

★ : 先週末は何をしたの？
☆ : 京都へ旅行に行ったよ。
★ : どうだった？
1 素晴らしかったよ。
2 車でだよ。
3 父と一緒にだよ。

解説　How was ～ ? は「～はどうでしたか」という意味。先週末，京都へ旅行に行ったという女の子に，男の子が感想を聞いている。これに対する女の子の応答として適切なのは It was great.「素晴らしかったよ」と答えている **1**。

No. 2　解答　2

☆ : What are you doing?
★ : I'm reading, Mom.
☆ : Can you help me with dinner?
1 Please come in.
2 Sure, no problem.
3 Yes, I like them.

☆ : 何をしているの？
★ : 本を読んでいるんだよ，お母さん。
☆ : 夕食を手伝ってくれる？
1 どうぞ，入って。
2 もちろん，いいよ。
3 うん，それらが好きだよ。

解説　Can you ～ ? は「～をしてくれますか」と頼む表現。読書をしている息子に，母親が Can you help me with dinner? と夕食の手伝いを頼んでいる。Sure, no problem.「もちろん，いいよ」と答えている **2** が正解。〈help ＋人＋ with ＋ ...〉で「〈人〉の…を手伝う」という意味。

No. 3　解答　3

☆ : Hi, Dad.
★ : Hi, Nancy. You don't look happy.
☆ : I didn't do well on the math test.
1 I'm very well.
2 Here you are.
3 That's too bad.

☆ : ただいま，お父さん。
★ : おかえり，ナンシー。うれしそうじゃないね。
☆ : 数学のテストで，うまくいかなかったの。
1 とても調子がいいよ。
2 はい，どうぞ。
3 それは残念だね。

解説　数学のテストがうまくいかなかったと言う娘に，父親がかける言葉として自然なものを選べばよい。選択肢の中では，**3** の That's too bad.「それは残念だね」が適切。

No. 4 解答 **1**

★：I can't find my keys.
☆：I saw them last night.
★：Really? Where were they?
1 On the table.
2 They're silver.
3 I don't have them.

★：カギが見つからないんだ。
☆：私は昨夜それらを見たわ。
★：本当？ どこにあったの？
1 テーブルの上に。
2 それらは銀よ。
3 私はそれらを持っていないわ。

解説　息子が探しているカギを見たと言っている母親に対し，息子が Where were they?「どこにあったの？」とカギの場所を聞いているので，On the table.「テーブルの上に」と場所を答えている **1** が適切だと分かる。

No. 5 解答 **3**

☆：Excuse me. Is this train going to Nagano?
★：Yes, it is.
☆：What time will it arrive at Nagano?
1 From Tokyo.
2 Two hours ago.
3 At 2 : 45.

☆：すみません。この列車は長野に行きますか。
★：はい，行きますよ。
☆：長野には何時に到着しますか。
1 東京からです。
2 2時間前にです。
3 2時45分にです。

解説　女性は What time 〜?「何時に〜ですか」と時間を尋ねているので，時刻を答えている **3** が正解となる。**2** の Two hours ago.「2時間前に」も時間についての応答だが，質問が What time will it 〜? と未来のことを尋ねているので不正解。

No. 6 解答 **1**

★：Here's your coffee.
☆：Thank you.
★：Do you need any sugar or milk?
1 No, thanks.
2 This is too hot.
3 Sorry, it's mine.

★：コーヒーをどうぞ。
☆：ありがとう。
★：砂糖かミルクはいる？
1 いいえ，大丈夫。
2 これは熱すぎるわ。
3 ごめんなさい，それは私のよ。

解説　Do you need 〜? は「〜は必要ですか」という意味。コーヒーに砂糖かミルクは必要かと聞いている男性に対して，女性の自然な応答を考える。選択肢の中では，No, thanks.「いいえ，大丈夫」と答えている **1** が正解。「必要だ」と答えるときは，Yes. Milk, please.「ええ。ミルクをお願い」などのようになる。

No. 7 解答 **2**

★：Do you have any pets?
☆：I have a bird.
★：What color is it?
1 In my room.
2 It's yellow.
3 I'll get a dog.

★：ペットは何か飼っている？
☆：私は鳥を飼っているわ。
★：それは何色なの？
1 私の部屋でよ。
2 黄色よ。
3 私は犬を手に入れるわ。

解説　ペットとして鳥を飼っていると言う女の子に対し，男の子が What color is it?「それは何色なの？」と鳥の色を聞いている。It's yellow.「黄色よ」と答えている，**2** が正解。

No. 8　解答　3

☆ : Are you going to the supermarket?
★ : Yes, I am.
☆ : Please buy some eggs.
1 Have fun.
2 You're right.
3 OK, I will.

☆ : スーパーに行くの?
★ : うん,そうだよ。
☆ : 卵を買ってきてちょうだい。
1 楽しんで。
2 そのとおり。
3 分かった,そうするよ。

解説　Please 〜 . で「〜してください」という意味。スーパーへ行こうとする男性に,女性が Please buy 〜 .「〜を買ってきてちょうだい」と買い物を頼んでいる。これに対する自然な応答は,OK, I will.「分かった,そうするよ」と答えている**3**。

No. 9　解答　2

☆ : That's a good picture, Andy.
★ : Thanks!
☆ : Why did you draw a bike?
1 I like red better.
2 I got a bike for Christmas.
3 Yes, it's very old.

☆ : すてきな絵ね,アンディ。
★ : ありがとう!
☆ : どうして自転車を描いたの?
1 僕は赤の方が好きだな。
2 クリスマスに自転車をもらったんだ。
3 うん,それはとても古いよ。

解説　Why 〜?は理由を尋ねる表現なので,アンディが自転車の絵を描いた理由を答えている選択肢を選ぶとよい。I got a bike for Christmas.「クリスマスに自転車をもらったんだ」と答えている**2**が正解。

No. 10　解答　1

★ : Excuse me.　What size is this T-shirt?
☆ : It's a large.
★ : That's too big for me.
1 We have smaller ones, too.
2 We don't have T-shirts.
3 We're open every day.

★ : すみません。このTシャツは何サイズですか。
☆ : それはLです。
★ : 僕には大きすぎます。
1 もっと小さいものもございます。
2 Tシャツはございません。
3 毎日営業しています。

解説　客がTシャツのサイズを店員に尋ね,手にしているシャツは大きいと言っていることを聞き取る。それに対する店員の答えとして適切なものを選ぶとよい。We have smaller ones, too.「もっと小さいものもございます」が応答として適切。smaller は small の比較級で,「より小さな」という意味。

第2部　🎵49 ～ 🎵59

No. 11　解答　3

★ : Nancy, is this pencil case yours?
☆ : No, Takashi.　That's Minako's.
★ : It looks the same to me.
☆ : Maybe, but hers is red and mine is pink.
Question: Whose pencil case is red?

★ : ナンシー,この鉛筆入れは君の?
☆ : いいえ,タカシ。それはミナコのよ。
★ : 僕には同じものに見えるな。
☆ : そうかもね,でも彼女のは赤で,私のはピンクなの。
質問:誰の鉛筆入れが赤ですか。
1 ナンシーの。　　**2** タカシの。
3 ミナコの。　　**4** 彼らの先生の。

解説　誰の鉛筆入れが赤色かという質問。ナ

ンシーは，タカシが話している鉛筆入れについて，That's Minako's.「それはミナコのよ」と言い，次の発言でも hers is red「彼女のは赤い」と説明しているので，正解は **3**。look the same は「同じように見える」という意味。

No. 12 解答 3

☆：Do you want something to drink, Dad?
★：Hot tea with milk, please.
☆：OK. How about some snacks, too?
★：I'll have some chocolate.
Question: What does the man want to drink?

☆：お父さん，何か飲む物がほしい？
★：ミルクを入れたホットティーをくれるかな。
☆：分かったわ。おやつもどう？
★：チョコレートをもらうよ。
質問：男性は何が飲みたいですか。
1 ホットミルク。　　**2** ホットチョコレート。
3 ホットティー。　　**4** ホットコーヒー。

解説　男性は何が飲みたいかという質問。何の飲み物がほしいかと聞いた娘に，父親は Hot tea with milk, please.「ミルクを入れたホットティーをくれるかな」と言っているので，**3** が正解。milk はホットティーに入れるもの，chocolate はおやつなので，**1** や **2** を選ばないように。Hot tea. の Hot の音は聞き取りにくいので注意。

No. 13 解答 1

☆：Hi, John. You look very happy.
★：Yeah, I did really well on the swimming test.
☆：Great. Did you practice a lot?
★：Yes, I practiced for two hours every day last week.
Question: Why is John happy?

☆：こんにちは，ジョン。とてもうれしそうね。
★：うん，水泳のテストですごくうまくいったんだ。
☆：すごいじゃない。たくさん練習したの？
★：うん，先週は毎日2時間練習したよ。
質問：なぜジョンは喜んでいるのですか。
1 彼はテストでうまくいった。
2 彼は3時間勉強した。
3 彼は宿題を終えた。
4 彼はクラスがとても好きだった。

解説　質問では，ジョンがうれしそうにしている理由を尋ねている。女性がうれしそうな様子のジョンに話しかけると，ジョンは I did really well on the swimming test.「水泳のテストですごくうまくいったんだ」と答えているので，**1** が正解。

No. 14 解答 4

★：You look excited, Lisa.
☆：Yes, Grandpa. We'll go on a school trip tomorrow.
★：Where will you go?
☆：We'll go to the museum by bus.
Question: Where will Lisa go tomorrow?

★：わくわくしているね，リサ。
☆：うん，おじいちゃん。明日は校外学習に行くの。
★：どこに行くんだい？
☆：バスで博物館に行くの。
質問：リサは明日どこに行きますか。
1 動物園に。　　**2** 駅に。
3 映画館に。　　**4** 博物館に。

解説　リサが明日行く場所を問う問題。リサは祖父に We'll go on a school trip tomorrow.「明日は校外学習に行くの」と述べた後，どこに行くのかという祖父の質問に We'll go to the museum「博物館に行くの」と答えているので，**4** が正解。

No. 15 解答 2

☆ : Excuse me, when does the next train arrive?
★ : In 20 minutes.
☆ : Is it the train to Central Station?
★ : No, it's to the airport.
Question: Where are they talking?

☆ : すみません，次の列車はいつ到着しますか。
★ : 20分後です。
☆ : それはセントラル駅行きの列車ですか。
★ : いいえ，空港行きです。
質問：彼らはどこで話していますか。

1 スタジアムで。　　**2** 鉄道の駅で。
3 病院で。　　　　**4** 空港で。

解説　対話が行われている場所を問う問題。女性の when does the next train arrive?「次の列車はいつ到着しますか」や Is it the train to Central Station?「それはセントラル駅行きの列車ですか」などから，鉄道の駅での，乗客と駅員の会話だと考えられる。**2** が正解。男性の最後の発話に，to the airport「空港行き」とあるが，これは列車の目的地であり，対話が行われている場所ではない。

No. 16 解答 4

★ : I'm home, Mom.
☆ : Hi, Eddie. Look, I baked some cookies for you.
★ : Wow! I want to eat them right now!
☆ : Finish your homework first.
Question: What will Eddie have to do first?

★ : ただいま，お母さん。
☆ : お帰り，エディ。ほら，あなたのためにクッキーを焼いたのよ。
★ : わあ！ 今すぐ食べたいな！
☆ : まず宿題を終えなさい。
質問：エディはまず何をしなければなりませんか。

1 母親を手伝う。　　**2** クッキーを食べる。
3 手を洗う。　　　　**4** 宿題を終える。

解説　質問の最後の first「まず」という言葉がカギになる。エディはまず何をしなければならないかという質問。クッキーを焼いたと言う母親に，エディが「今すぐ食べたいな！」と述べている。それに対して，母親は Finish your homework first.「まず宿題を終えなさい」と言っているので，エディがしなければならないことは宿題を終えることだと考えられる。**4** が正解。

No. 17 解答 2

☆ : It's 7:30. It's time to go to school, Tom.
★ : Sorry, I'm not ready, Rebecca.
☆ : OK, I'll wait for 5 minutes. Hurry up!
★ : Thanks a lot.
Question: How long will Rebecca wait for Tom?

☆ : 7時30分よ。学校に行く時間よ，トム。
★ : ごめん，準備ができていないんだ，レベッカ。
☆ : いいわよ，5分待つわ。急いでね！
★ : どうもありがとう。
質問：レベッカはトムをどのくらい待ちますか。

1 3分間。　　　**2** 5分間
3 7分間。　　　**4** 9分間。

解説　How long ～ ? は「どのくらい長く～？」という意味。レベッカがトムを待つ時間の長さが問われている。I'm not ready「準備ができていないんだ」という男の子に，女の子が I'll wait for 5 minutes「5分待つわ」と答えているので，**2** が正解。

No. 18 解答 3

★ : Hello, Johnson's Coffee Shop.
☆ : What time do you open?
★ : We're open from 10 a.m. to 9 p.m., but we're closed on Monday.
☆ : OK, thank you very much.

Question: What time does the coffee shop close?

★ : もしもし，ジョンソンのコーヒー店です。
☆ : そちらは何時に開店しますか。
★ : 午前 10 時から午後 9 時まで営業していますが，月曜日は休みです。
☆ : 分かりました，どうもありがとう。

質問：コーヒー店は何時に閉店しますか。

1 午前 9 時に。　　　**2** 午前 10 時に。
3 午後 9 時に。　　　**4** 午後 10 時に。

解説 What time ～？で時刻を尋ねる質問。時刻に関する発言に注意して，コーヒー店の閉店時間を聞き取る。女性の What time do you open?「そちらは何時に開店しますか」という質問に，男性が「午前 10 時から午後 9 時まで営業しています」と返しているので，閉店するのは午後 9 時だと考えられる。from A to B で「A から B まで」という意味。

No. 19 解答 1

☆ : What's wrong, Ken?
★ : I feel bad. I think I have a cold.
☆ : Did you take some medicine?
★ : No, but I'm going to see a doctor now.

Question: What is Ken's problem?

☆ : どうしたの，ケン？
★ : 調子が悪いんだ。かぜをひいていると思う。
☆ : 薬は飲んだの？
★ : ううん，でも今から医者に診てもらうつもりなんだ。

質問：ケンの問題は何ですか。

1 彼は調子が良くない。
2 彼は薬を飲みすぎた。
3 彼は学校に行けない。

4 彼は医者に診てもらえない。

解説 男性が困っていることは何かを尋ねる問題。女性に What's wrong, Ken?「どうしたの，ケン？」と問われたケンは，I feel bad.「調子が悪いんだ」と答えているので正解は **1**。Did you take some medicine?「薬は飲んだの？」という質問には No, と答えていること，I'm going to see a doctor now.「今から医者に診てもらうつもりなんだ」と話していることから，**2** と **4** は不正解だと分かる。

No. 20 解答 3

★ : I went to the zoo near my house last weekend.
☆ : How nice!
★ : Yeah, it was great! What did you do?
☆ : I visited my grandparents' house.

Question: What are they talking about?

★ : 先週末，家の近くの動物園に行ったよ。
☆ : いいわね！
★ : うん，素晴らしかったよ！ 君は何をしたの？
☆ : 祖父母の家に行ったのよ。

質問：彼らは何について話していますか。

1 彼らの祖父母。　　　**2** 彼らの遠足。
3 彼らの週末。　　　**4** 彼らの学校の部活。

解説 会話中の話題を問う質問。男の子は I went to the zoo near my house last weekend.「先週末，家の近くの動物園に行ったよ」と述べ，女の子に What did you do?「君は何をしたの？」と聞いている。女の子は I visited my grandparents' house.「祖父母の家に行ったのよ」と応じているので，2 人の週末が話題だと分かる。**3** が正解。

No. 21　解答　1

In April, Midori became an eighth grade student. Last week, the new English teacher from Australia arrived. Midori and her classmates were very excited.

Question: Who came to Midori's class last week?

4月に，ミドリは中学2年生になりました。先週，オーストラリアから新しい英語の先生が来ました。ミドリとクラスメートたちはとてもわくわくしました。

質問：先週ミドリのクラスに誰が来ましたか。

1 新しい先生が。

2 新しい生徒が。

3 新しい友人が。

4 新しいクラスメートが。

解説　ミドリのクラスに来たのは誰かを問う問題。2つ目の文に Last week, the new English teacher from Australia arrived.「先週，オーストラリアから新しい英語の先生が来ました」とあるので，**1** が正解。

No. 22　解答　1

Cathy's hobby is fishing. She goes to the river with her grandfather every Sunday. She really enjoys fishing there. She can't wait for the weekends.

Question: When does Cathy go to the river?

キャシーの趣味は釣りです。彼女は毎週日曜日に祖父と一緒に川に行きます。彼女はそこでの釣りをすることをとても楽しみます。彼女は週末を待ちきれません。

質問：キャシーはいつ川に行きますか。

1 日曜日に。　　**2** 月曜日に。

3 火曜日に。　　**4** 水曜日に。

解説　キャシーが川に行くのはいつかという問題。選択肢を見ながら聞こう。2つ目の文に

She goes to the river with her grandfather every Sunday.「彼女は毎週日曜日に祖父と一緒に川に行きます」とあるので，**1** が正解。on Sundays で every Sunday の意味になる。

No. 23　解答　3

Tsuyoshi likes to write letters. Now he has 50 stamps and 20 postcards. They're very beautiful. He sent a postcard to his friend in Canada five days ago.

Question: How many postcards does Tsuyoshi have?

ツヨシは手紙を書くのが好きです。今，彼は50枚の切手と20枚のはがきを持っています。それらはとてもきれいです。彼は5日前にカナダの友人にはがきを送りました。

質問：ツヨシは何枚はがきを持っていますか。

1 10枚。　　　**2** 15枚。

3 20枚。　　　**4** 50枚。

解説　How many ～ ?「いくつの～？」と数を問う質問。ツヨシがはがきを何枚持っているかを，postcard「はがき」と数の表現をポイントに聞き取る。2つ目の文に he has 50 stamps and 20 postcards「彼は50枚の切手と20枚のはがきを持っています」とあるので **3** が正解。**4** は切手の数なので注意。

No. 24　解答　1

Rachel went shopping to get a present for her brother's birthday. First, she wanted to buy a video game, but it was too expensive. So, she went to a book shop and got a game book.

Question: What did Rachel get for her brother's birthday?

レイチェルは弟の誕生日のプレゼントを買うために，買い物に行きました。彼女はテレビゲームを買いたかったのですが，それは高すぎました。それで彼女は書店へ行き，ゲームの本を買いました。

質問：レイチェルは弟の誕生日のために何を買いましたか。

1 本。　　　　　　**2** コンピューター。
3 テレビゲーム。　　**4** DVD。

───

解説　レイチェルが弟の誕生日のプレゼントに買ったものが問われている。get の過去形 got を手掛かりに聞き取るとよい。最後の文で，got a game book「ゲームの本を買いました」とあるので **1** が正解。**3** については，she wanted to buy a video game, but it was too expensive「彼女はテレビゲームを買いたかったのですが，それは高すぎました」とある。

No. 25　解答　3

Last week, Linda's school had a dance party. She wanted to wear a dress to the party, but she didn't have one. So, her mother made a beautiful dress for her.
Question: How did Linda get a dress for the party?

先週，リンダの学校でダンスパーティーがありました。彼女はそのパーティーにドレスを着たかったのですが，彼女はドレスを持っていませんでした。それで，彼女の母親が彼女のために美しいドレスを作ってくれました。

質問：リンダはどうやってパーティーのドレスを手に入れたのですか。
1 彼女はドレスを買った。
2 彼女は母親のドレスを使った。
3 彼女の母親が彼女のためにドレスを作った。
4 彼女の母親が彼女のためにドレスを買った。

───

解説　How ～? で「どのようにして～?」と方法を問う問題。リンダがどうやってドレスを手に入れたかを，dress「ドレス」をキーワードにして聞き取る。最終文に her mother made a beautiful dress for her「彼女の母親が彼女のために美しいドレスを作ってくれました」と述べられているので **3** が正解。

No. 26　解答　2

Good afternoon, everyone. Our school spring concert starts in 10 minutes. Please come to the gym and take a seat. Thank you very much!
Question: What is the girl talking about?

こんにちは，皆さん。本校の春のコンサートは 10 分後に始まります。体育館に来て，席に着いてください。よろしくお願いします！

質問：女の子は何について話していますか。
1 スピーチコンテスト。
2 学校のコンサート。
3 春休み。
4 バスケットボールの試合。

───

解説　女の子が話している主題が問われている。2 つ目の文で Our school spring concert starts in 10 minutes.「本校の春のコンサートは 10 分後に始まります」と案内していることから，「学校の春のコンサート」について知らせていることがわかる。**2** が正解。

No. 27　解答　3

My friend gave me tickets to a rugby game. So my family went to ABC Rugby Stadium for the first time. We had a really good time.
Question: Why did the boy's family go to a rugby game?

友人が僕にラグビーの試合のチケットをくれました。そこで，僕の家族は初めて ABC ラグビースタジアムに行きました。僕たちはとても楽しい時間を過ごしました。

質問：なぜ男の子の家族はラグビーの試合に行ったのですか。
1 彼らはスタジアムの近くに住んでいた。
2 彼らは彼の友人に会いたかった。
3 彼らは何枚かのチケットを手に入れた。
4 彼らはラグビーをした。

───

解説　Why ～?「なぜ～ですか」で理由を問う質問。冒頭の My friend gave me tickets to a rugby game.「友人が僕にラグビーの試合のチケットをくれました」からチケットを手に入れた経緯が分かり，続く文で，そのチケットを使って家族でラグビーを見に行ったことが分かる。

No. 28　解答　2

It was very hot yesterday. Naomi went to school to practice tennis, but she didn't bring her cap. So, her brother brought it to school.
Question: What did Naomi's brother bring for her?

昨日はとても暑かったです。ナオミはテニスの練習をするために学校に行きましたが，彼女はぼうしを持って行きませんでした。そこで，彼女の兄がそれを学校に持って来てくれました。
質問：ナオミの兄は学校に何を持って来ましたか。
1 彼女のかばん。
2 彼女のぼうし。
3 彼女の水筒。
4 彼女のテニスラケット。

解説　What ～ ? は「何を～?」という意味で，ナオミの兄が学校に何を持ってきたかという質問。2つ目の文に Naomi went to school ..., but she didn't bring her cap.「ナオミは…学校に行きましたが，彼女はぼうしを持って行きませんでした」とあり，3つ目の文では her brother brought it to school「彼女の兄がそれを学校に持って来てくれました」と述べている。3つ目の文の it「それ」はナオミのぼうしを指しているので，**2** が正解。質問の bring が本文では過去形 brought になっていることに注意。

No. 29　解答　4

Peter's family went to the shopping center. His father got a yellow T-shirt. His sister got a blue T-shirt because blue is her favorite color. Peter didn't buy anything.
Question: What did Peter get at the shopping center?

ピーターの家族はショッピングセンターに行きました。彼の父親は黄色いTシャツを買いました。彼の妹は青がお気に入りの色なので，青いTシャツを買いました。ピーターは何も買いませんでした。
質問：ピーターはショッピングセンターで何を買いましたか。
1 赤いTシャツ。　　　**2** 黄色いTシャツ。
3 青いTシャツ。　　　**4** 何も買わなかった。

解説　ピーターが買ったものを問う問題。ピーターと彼の家族それぞれの買ったものが述べられているが，最後の文で Peter didn't buy anything.「ピーターは何も買わなかった」と言っているので，**4** が正解。nothing は not ＋ anything で「何も～ない」を表す。ピーターの父親が黄色いTシャツ，彼の妹は青いTシャツを買ったと言っているので，これらと混同しないように注意。

No. 30　解答　4

Thank you for visiting the City Zoo. We will close at 6:00. The shops and restaurants are open until 5:30. The free bus to the station leaves at 6:15. Have a good day!
Question: What time does the free bus to the station leave?

市営動物園へご来園ありがとうございます。当園は6時に閉園いたします。店舗やレストランは5時30分まで営業しています。駅行きの無料バスは6時15分に出発します。良い1日をお過ごしください！

質問：駅までの無料バスは何時に出発しますか。

1 5 時 15 分に。　　　**2** 5 時 30 分に。

3 6 時に。　　　　　　**4** 6 時 15 分に。

解説 What time 〜? で時刻を尋ねる問題。free bus「無料バス」の出発時刻が問われている。4 つ目の文に The free bus to the station leaves at 6:15.「駅行きの無料バスは 6 時 15 分に出発します」と述べられているので，**4** が正解。The free bus to the station「駅行きの無料バス」が主語。このように主語が長い場合は聞き取りが難しいので注意しよう。2 つ目の文の閉園時間や 3 つ目の文の店舗とレストランの閉店時間と混同しないように。

* MEMO *

* MEMO *

中学生のための

文部科学省後援

英検®4級

合格レッスン

[改訂版]

解答と解説

Obunsha